KB109869

아동을 위한

해결중심
심리운동 가족상담

아동을 위한
해결중심 심리운동 가족상담

발행일   2022년 6월 10일

지은이   이국향
펴낸이   손형국
펴낸곳   (주)북랩
편집인   선일영   편집   정두철, 배진용, 김현아, 박준, 장하영
디자인   이현수, 김민하, 김영주, 안유경   제작   박기성, 황동현, 구성우, 권태련
마케팅   김회란, 박진관
출판등록 2004. 12. 1(제2012-000051호)
주소   서울특별시 금천구 가산디지털 1로 168, 우림라이온스밸리 B동 B113~114호, C동 B101호
홈페이지 www.book.co.kr
전화번호 (02)2026-5777   팩스   (02)2026-5747

ISBN   979-11-6836-287-1 03180 (종이책)   979-11-6836-288-8 05180 (전자책)

(주)북랩 성공출판의 파트너

북랩 홈페이지와 패밀리 사이트에서 다양한 출판 솔루션을 만나 보세요!

홈페이지 book.co.kr   •   **블로그** blog.naver.com/essaybook   •   **출판문의** book@book.co.kr

작가 연락처 문의 ▸ ask.book.co.kr

작가 연락처는 개인정보이므로 북랩에서 알려드릴 수 없습니다.

아동의 성장과 발달, 가정에서 학교까지!

아동을 위한
해결중심
심리운동 가족상담

이국향 지음

북랩

전문상담교사·상담사가 시도하기 적합한 학교기반 해결중심 심리운동가족상담 모델

보건복지부의 '2018년 아동실태조사' 보고서를 보면, 18세 미만 아동들의 삶의 모습은 우려스럽다. 보건복지부가 보고한 18세 미만 아동들의 삶의 만족도는 6.57점으로 나타나는데, 이는 OECD 회원국(평균 7.6점)보다 낮은 수치다. 또한, 우리나라 아동들은 스트레스(40.4%), 우울(27.1%) 및 자살(3.6%)을 경험하고 있는 것으로도 나타난다. 아동이 주 20~30시간 이상을 머무는 초등학교는 이들의 생활공간이자 아동의 학습태도와 능력을 비롯해 성격, 적응력, 정서 상태 같은 개인적 특성과 장단점이 발현되는 곳이다. 일반적으로 아동이 초등학교에서 겪는 어려움의 경험은 이후의 학교생활에도 영향을 준다. 그런 의미에서 이 시기에 적응상의 어려움을 겪는 아동에게 적합한 지원과 도움을 주는 일은 아동의 성장과 발달에 있어서 중요하다.

아동이 겪는 다양한 어려움과 관련한 연구 결과를 보면, 아동의 어려움이 부모의 양육 태도, 가족의 의사소통 방식, 가족관계 등의 가족 환경과 관련되어 있음을 알 수 있다. 예를들면 부모의 양육 태도는 학교폭력 가해 행동 배경 요인 중 하나(이명자, 김영갑, 2018)이자 비행 및 공격성(최인호, 김진이, 2013)과 관계가 있으며, 부모와 자녀 사이의 의사소통 방식은 학교부적응 및 자살 생각과 연관되어(조한익, 차주연, 2013) 있고, 가족관계는 청소년의 내재화 및 외현화 문제행동에 영향을 미치는 것으로(김미영, 조윤정, 박병금, 2012) 보고된다. 가족은 인간이 태어나면서 속하게 되는 체계로 가족 구성원은 가족 관계 속에서 뿐만 아니라 문제행동의 발생이나 해결, 다양한 사회영역에 적응하는 과정에서도 상호 간에 영향을 끼친다. 그러므로 인간이 성장, 발달하는 과정에서 겪는 부적응의 문제를 해결하기 위해 개인적 지원과 아울러 가족에 대한 지원의 중요성이 강조되는 것이다(정문자, 정혜정, 이선혜, 전영주, 2012).

연구(심의보, 2015)에 의하면 아동이 경험하는 우울, 스트레스와 같은 심리적 변인과 함께 부적절한 양육 태도, 문제적 의사소통을 포함한 가족 환경 변인은 학교 환경 변인과 함께 학교부적응 유발과 관련된 변인으로 지목된다. 그러므로 학교가 학교부적응 아동을 돕고자 한다면 아동의 심리적인 부분뿐만 아니라 아동의 가족 환경 및 학교 환경에 대한 개입 또한 고려할 필요가 있다. 초등학교에는 학교적응에 어려움을 겪는 아동을 돕기 위해 담임교사를 필두로 다양한 지원 인력이 근무한다. 학교에 따라서 전문상담교사가 상주하거나 순회하는 학교가 있고, 학교복지사가 상주하는 학교도 있다. 그런데 학교부적응 완화를 위해서는 부모의 문제적인 양육방식의 변화를 고려하여야 하고, 학생 교육과 지도를 위해 교사들의 협력적인 노력이 중요하다(이지현, 2015)는 지적이 있었음에도 초등학교에서 이루어지는 지원 노력을 보면 주로 아동과의 상담과 집단프로그램 등 아동 당사자에 대한 개입 위주로 이루어지는 모습이다. 학교부적응 유발과 관련하여 초등학생은 특히 가족 환경 변인뿐만 아니라 하부변인인 가정폭력과 언어·정서적 폭력의 영향을 가장 높게 받으므로 학교부적응 예방 정책은 가족 환경을 중심으로 한 부모교육, 부모상담, 가족상담 등을 중심으로 이루어지는(심의보, 2015) 것이 중요하다. 상담에 있어서도 아동의 목표성취를 위해 교사와 또래집단, 학부모와의 연계가 이루어져야 하고(조희주, 2016), 아동 지원을 위해서는 아동에게 있어 가장 중요한 가족 환경에 대한 개입이 필요하다는 전문상담교사나 학교사회복지사의 주장(신선인, 김민지, 2014)이 제기되어 왔다. 그럼에도 우리나라 초등학교에서는 아동의 학교적응을 지원할 목적으로 가족상담을 시행하는 예는 발견하기 어렵다. 그뿐만 아니라 학교와 부모는 주로 부적응 아동이 보이는 문제적인 행동과 태도에 초점을 맞추는 경향이 있어서 문제중심적인 관점을 탈피하려는 시도가 필요한데, 이는 아동에게 중요한 주변인인 가족과 교사이기에 특히 그렇다.

　가족상담은 가족을 하나의 체계로 보며 그 체계 속의 상호 교류 양상에 개입함으로써 개인의 증상이나 행동에 새로운 변화가 일어나도록 추구하는 치료적 접근으로, 환경적 요소 중에서도 특히 가족을 치료적 매개로 사용하는 기법이다(김유숙, 2002). 가족상담의 단위는 개인이 아니며, 단 한 사람만 상담에 참석하더라도 치료의 단위는 그 개인이 속한 관계의 망이 된다(정문자 외, 2012). 가족상담에는 여러 접근법이 발달해 있다. 그중에서도 해결중심 가족상담은 해결중심접근의 기본 철학과 상담 방법을 토대로 어려움을 겪는 가족을 지원하는 상담 방법이다.

해결중심 가족상담은 가족들에게 문제가 없는 미래에 초점을 두도록 하며, 현재의 문제에 잘 대처하고 조정하기 위해 과거에 있었던 성공적인 경험을 강조함으로써 가족의 장점에 주의를 기울이도록 한다(송성자, 2002). 그러므로 해결중심 가족상담이 만약 학교부적응 아동을 위한 지원에 활용된다면, 아동이 보이는 문제에만 초점을 맞추는 문제중심접근에서 벗어나, 문제에 가려져 미처 발견하지 못한 아동과 가족의 강점을 발견하고 이것을 자원으로 삼아 해결책을 구축함으로써 아동을 지원할 수 있을 것으로 본다.

해결중심접근은 명확하고 간결하며, 인지에 대한 강조와 함께 쉽게 가르칠 수 있는 기법들이 잘 어우러져 있다는 점 등의 매력으로 현대 사회에 가장 적합한 인기 있는 모델로 인정받고 있다(Nichols & Schwartz, 2001). 해결중심접근은 언어적인 기법이 주가 되는 대화 중심 치료의 특징을 가진다. 이런 이유로 유아나 아동을 대상으로 하는 해결중심상담 장면에서 언어 위주의 질문기법이 야기하는 어려움을 넘어서고자 연구자들은 다양한 도구와 자료를 활용한 연구를 시도했다. 그러나 유아나 아동과의 상담에 활용되는 대부분의 자료를 살펴보면 이들 도구는 대부분 해결지향 질문의 이해를 돕기 위한 목적으로 사용되는 모습으로 보인다. 아동들의 발달적 특징이라고 할 수 있는 활발한 신체 움직임을 고려한 경우는 간단한 게임이나 놀이 과정에서 제시되는 몇 동작에 한정된 실정이다. 그러므로 대화 중심의 치료적 특성을 가진 해결중심접근을 학교부적응 아동에게 적용하기 위해서는 이 접근이 가지는 대화 중심 상담의 한계를 보완할 방안이 필요하다.

독일에서 발달한 심리운동(Psychomotorik)은 아동에게 재미있고 흥미로운 상황을 경험토록 하고, 호기심과 자발성, 동기를 불러일으킬 수 있는 매력적인 요소를 갖추고 있다. 그러므로 학교부적응 아동을 지원하기 위한 해결중심접근에 활용될 경우 대화 위주의 특징을 보완할 수 있는 방법이다.

심리운동 장면에서는 아동 자신이 집단 활동에서 없어서는 안 될 중요한 구성원임을 체험하고, 긍정적 자아개념을 형성하며, 자신이 영향력을 행사할 수 있다는 경험을 가능케 하는 체험 위주의 움직임 과제가 주요 내용이 된다(Zimmer, 2005). 또 다양한 심리운동 활동 상황에서 스스로 생각을 계획하고 실현하며 행동할 기회를 보장하고, 자유로운 선택과 결정에 따른 책임을 지도록 기회를 줌으로써, 아동이 자신이 가진 영향력에 대해 신뢰할 수 있도록 지원한다. 그뿐만 아니라 주어진 환경 안에서 아동은 자신의 신체와 움직임을 조절해 보는 자기 통제의 첫걸음을 경험함으로써 자신에 대한 긍정적인 평가를 할 수 있게 된다. 이처럼 심리운동은 아동의 자아존중감을 높이고, 주어진 환경을 스스로 구성하며 자신에게 적용해볼 수 있는 기회를 제공한다.

해결중심접근의 관점에서는 비록 학교에서 부적응의 모습을 보이는 아동이라고 하더라도 자신의 문제를 해결할 수 있는 능력과 자원을 이미 갖고 있다고 본다. 그러므로 아동 스스로 자신의 부적응 행동에 갇혀 있기보다는 자신의 문제 해결 능력을 활용하고, 자신의 강점과 자원을 인식할 수 있도록 주변에서 조력하여 건강한 인간으로 성장하고 발달할 수 있도록 돕는 노력이 필요하다. 그리고 이 과정에 심리운동의 다양한 특성이 활용된다면, 움직이기 좋아하고 활발한 신체활동을 즐기는 아동들에게 보다 효과적인 지원 방법이 될 것으로 본다.

만약, 현재 학교 현장이 부적응의 모습을 보이는 아동을 지원하기 위해 아동의 문제를 보다 종합적으로 다루는 구조라면 바람직하다. 하지만 아동을 돕는 교사, 예를 들어 전문상담교사 같은 아동 지원 인력이 해당 아동의 부모와 가족에게 개입하는 일이 필요하다는 주장은 지속해서 제기되어왔음에도 학교에서 이런 시스템이 작동되는 예는 드문 것 같다. 그러나 학교가 아동 지원을 위한 가족상담 서비스를 제공할 여건을 갖추고 있지 않더라도 다양한 경로를 통해 이를 지원할 자원을 찾고 연계하여 아동을 돕는 일은 무척 중요하다. 학교 외부에서 활용 가능한 자원을 확보하고 이를 학교와 연계하는 일은 아동 지원 인력들인 전문상담교사나 학교복지사가 특히 노력을 기울여야 할 부분이다. 학교 자원으로 아동을 돕기에 충분하지 않다면 외부의 전문가와 협력해서 일할 수 있는 개방적인 자세를 견지하는 것이 바람직하기 때문이다. 그렇지 않다면 아동에게 제공되는 지원은 교내 인력이 제공할 수 있는 능력과 서비스의 범위 내에 한정될 수밖에 없다. 만약 전문상담교사 또는 순회 전문상담교사가 없는 학교라면 학교사회복지사가 외부 전문가와 아동을 연계하는 일을 할 수 있고, 이마저도 가능하지 않은 학교 환경이라면 담임교사나 아동과 관련 있는 교사가 전문상담교사의 역할을 할 수도 있을 것이다.

독자 중에는 왜 필자가 이 모델을 학교에 적용하기를 권유하는지 궁금한 이가 있을지 모르겠다. 이들의 궁금증을 해소하기 위해서는 필자가 일해 온 배경을 아는 것이 도움이 될 듯하다. 필자는 2013년 8월 학교를 떠날 때까지 26년 넘게 초등학교 교사였다. 교사 생활을 시작한 지 3년 차부터 대학원에서 상담심리를 공부했고, 박사과정을 수료하는 동안 가족복지, 가족상담을 전공한 후, 학교를 옮겨 심리운동학과에서 심리운동학 박사학위를 취득했다. 그리고 학위 과정과는 별개로 국내에서 가족상담의 권위 있는 전문기관에서 상담 훈련과 자기분석과정 등을 받으며 가족상담사가 되기 위한 훈련을 병행했다. 학교에서는 학생과 학부모, 교사들을 상담하고 교육하는 데 배운 것을 활용했다. 학교 밖에서는 푸른나무재단(구 청소년폭력예방재단),

청소년상담실, 종합사회복지관, 지역아동센터, 가족센터(구 건강가정 다문화가족지원센터) 같은 기관에서 함께 일했으며, 학교를 떠난 후 상담 영역에서 일하고 있으니 기간으로 따져보면 대략 32년이 지났다. 학교를 떠난 현재, 필자는 다양한 호칭으로 불린다. 교사상담컨설턴트, 해결중심전문상담사, 심리운동학박사, 해결중심가족상담전문가, 단기가족상담전문가, 심리운동가족상담전문가, 심리운동사, 긍정심리 강점전문가 등…. 필자는 현재 하고 있는 다양한 일 중에서 교사들과 상담컨설테이션에서 만나는 것을 특히 좋아한다. 교사들과 만날 생각을 하면 기분이 들뜨고, 설렌다. 교사들은 거시적인 학교 구조의 변화 아래에서 현재의 교육을 실천하는 사람들이다. 지금의 불안정하고 변화를 예측하기 어려운 조건에서도 학교 그 현장에 발 딛고 서서, 학교에서 변화를 가능케 하는 힘은 교사에게서 나온다는 인식을 끌어내는 이들도 교사들이다.

필자가 다양한 대상과 상담을 할 때 주로 활용하는 것은 해결중심접근이라는 단기상담 방법이다. 교사들과 작업할 때도 해결중심접근에 기초한다. 만약 경험을 통해 이 접근의 효과를 직접적으로 확인하지 못했더라면 자신 있게 교사들에게 권하지 못할 것이다. 그런데 아동들에게 해결중심접근을 적용하기 위해서는 이들의 특성을 고려해야 했고, 앞에서 말했듯 심리운동이 가진 독특한 요소들과 이점이 해결중심접근에 통합되었을 때 훨씬 효과적이라고 판단했다. 그러니 이젠 필자가 학교에서 활용할 수 있는 이 모델을 소개하는 이유를 이해하리라 믿는다.

이 책에는 심리운동에 대한 이해가 있는 학교 외부의 해결중심 가족상담전문가가 학교 안에서 학교부적응 아동 지원을 위해 심리운동을 활용한 가족상담을 시행하는 상황을 가정하고 있다. 그런데 이런 가정이 현실화되기 위해서는 학교 안의 교사가 외부 전문가들과 협력할 수 있어야 진행이 가능할 것이다. 이 모델을 설명하면서 교내 전문상담교사를 두고 외부 전문가와 협력하는 상황을 전제한 이유는, 현재 상황으로는 해결중심 상담 접근과 심리운동을 동시에 활용할 수 있는 전문상담교사가 많지 않을 것으로 판단했기 때문이다. 그래서 학교 외부 전문가가 학교 교사들의 의뢰(전문상담교사 등)에 의해 학교에서 해결중심 심리운동가족상담을 실행하는 내용을 구성한 것이다. 그렇지만 보다 바람직한 경우는 학교의 전문상담교사가 해결중심 가족상담과 심리운동을 능숙하게 활용하는 것이라고 본다. 그러니 멀지 않은 날에는 전문상담교사에 의해 이러한 모델이 적극적으로 활용되는 날이 오기를 바란다.

이 책은 총 4개의 장으로 구성되어 있다. Ⅰ장은 가족상담에 대한 부분으로, 가족상담의 이해를 돕기 위한 부분과 이 모델의 접근법인 해결중심 가족상담에 대해 살펴본다. Ⅱ장은 심리운동 관련 부분으로, 심리운동의 정의와 심리운동의 주요 이론 및 심리운동의 내용이 어떻게 구성되어 있는지 간단하게 알아본다. 그리고 이 모델이 아동에게 적용하기 적합한 이유와 아동과 관련한 국내 심리운동 연구에 관해 살펴본다. Ⅲ장은 이 책에서 중심적으로 다루는 해결중심 심리운동가족상담 모델에 관한 부분으로, 해결중심 심리운동가족상담의 목표는 무엇인지부터 상담 과정과 상담기술을 확인하고 이 모델에서의 상담자 역할에 대해 알아본다. IV장은 학교를 기반으로 해결중심 심리운동가족상담 모델을 실제로 적용해보는 부분이다. 학교에서 해결중심 심리운동가족상담을 시행하게 될 경우 어떤 과정을 통해 이루어질 수 있는지 단계적으로 설명한다. 또한, 이 모델을 실제로 적용했던 연구의 결과를 살펴봄으로써 이 모델이 활용될 경우 얻을 수 있는 효과를 예측해 보도록 하였으며, 학교에서 이 모델을 적용하고자 할 경우 고려해야 할 사항에 대해서도 알아보았다.

아무쪼록 이 책이 학교에서 아동들을 돕기 위해 노력하는 이들에게 유용하게 쓰이기를 바란다.

차 례

Ⅳ 해결중심 심리운동가족상담 모델의 적용

가족상담

01

가족상담의 이해

1) 가족상담[1]의 정의

서구를 배경으로 하는 영화나 텔레비전 드라마를 시청하다 보면 어려움을 겪는 사람들이 전문가를 찾아가서 상담받는 장면이 등장할 때가 있다. 개인이 문제를 안고 찾아가서 상담받기도 하고 때론 갈등을 겪는 부부가 함께 상담받기도 한다. 많은 경우 자녀가 문제행동을 하거나 도움이 필요한 경우, 자녀를 돕기 위한 목적으로 가족이 참여하는 가족상담을 받는 장면도 볼 수 있다. 이와 같이 가족상담은 가족을 하나의 체계로 보며 그 체계 속의 상호 교류 양상에 개입함으로써 개인의 증상이나 행동에 새로운 변화가 일어나도록 추구하는 치료적 접근으

---

[1] 가족치료와 같은 의미로 사용

로, 환경적 요소 중에서도 특히 가족을 치료적 매개로 사용하는 기법이다. 개인의 문제를 내적인 문제로서만이 아니라 그를 둘러싼 전체로서의 가족이라는 맥락 속에서 이해하고, 개인과 가족 전체 사이에 존재하는 고정된 상호작용의 양상을 변화시키려고 노력하는 것으로(김유숙, 2002), 시대에 따라 다양한 접근방법이 시도되어 왔다. 요즘은 우리나라에서도 이런 광경을 어렵지 않게 볼 수 있다. 감당하기 힘든 어려움이 있을 때 그들은 전문가와의 상담을 통해 해결 방안을 찾으려 시도한다. 필자 주변을 돌아보아도 마찬가지다. 자신이 감당하기 어려운 스트레스가 있거나 심리적으로 어려움을 겪을 때 그들은 상담 전문가를 찾아간다. 이처럼 상담은 과거와 달리 우리의 생활로 한 발 들어온 모습이다.

최근에는 텔레비전의 여러 채널을 통해 자녀의 문제적인 행동을 변화시키기 위해 전문가가 가족을 돕는 프로그램이 방영된다. 집안에 설치된 카메라를 통해 가족의 일상적인 모습을 관찰하고, 그들의 상호작용과 관계 양상을 분석하며, 자녀의 문제적인 행동이 어디에서 비롯되었는지 밝혀 솔루션을 제공하는 모습을 볼 수 있다. 이런 프로그램들이 앞다투어 방영된다는 것은 한 가족 구성원들이 겪는 어려움이 단지 그 개인에게서 비롯된 일이 아니라, 가족과 관련되어 있음을 의미한다. 프로그램에서는 보통 자녀가 문제행동을 할 경우 그 부모가 참석한다. 그리고 자녀의 문제적인 행동을 변화시키기 위해 부모의 양육 태도, 가족 구성원 간의 관계 양상, 상호작용 방법, 대화 방법 등을 살피고, 문제가 있을 경우 이를 바꾸도록 돕는다. 이런 노력이 더해지고 시간이 지나면 과거와는 다른 가족관계가 이루어지고, 자녀에게 나타나던 문제 행동이 감소하는 양상을 보인다. 이뿐만이 아니다. 최근 프로그램에는 유명인들이 등장해 그들이 겪고 있는 어려움을 공개하고 전문가로부터 도움을 받는 모습이 방영된다. 성인이 되어서도 겪고 있는 문제의 내용을 보면 그들이 당면한 어려움은 대부분 가족과 관련되어 있음을 알 수 있다. 그래서 전문가의 솔루션은 그 사실을 출연자가 통찰하고 가족 관계에 변화를 일으킬 수 있는 그 무엇을 시작하도록 돕는 것을 볼 수 있다. 학교부적응 아동이 겪는 어려움을 해결하도록 돕고자 할 때도 학교에서는 아동의 부모와 먼저 연락한다. 이는 아동의 행동 또한 부모 그리고 가족과 관련되어 있음을 전제하고 있다고 보아도 무방할 것이다.

2) 가족상담의 발달

우리는 살아가는 동안 다양한 고통을 겪기도 하고 질병에 시달리기도 하며, 이를 극복하고 해결하기 위한 노력을 한다. 지금 이전의 시대라고 해서 다를 바 없었으며, 가족상담도 이런 방법의 하나로 발전되었다. 일반적으로 가족치료가 발생한 배경으로 전통적인 심리치료의 바탕이었던 기계론적 세계관과 구별되는 유기체론적 세계관의 등장을 든다. 가족치료는 1950년대 서구에서 발달하기 시작하였는데, 가족치료가 발달하기 전에는 인간의 고통과 문제 해결을 돕기 위한 방법으로 개인치료가 주를 이뤘다. 그러다가 서구사회를 지배한 인식론 또는 세계관에 변화가 생기면서 즉, 기계론적 세계관으로 대표되는 전통적인 세계관으로부터 유기체론적 세계관이 확산함에 따라 가족치료가 발달하기 시작했다.

기계론적 세계관은 세계를 거대한 하나의 기계와 같다고 보며, 이 거대한 기계 즉 세계를 구성하는 부분은 독자적인 자기유지능력을 갖고 존재한다고 가정한다. 그러다 보니 전체가 아닌 각 부분이 강조되었다. 기계론적 세계관은 서양의 과학문명을 발전하도록 촉진했으며, 기계와 같은 세계의 한 부분으로서의 인간이나 국가 역시 정체하지 않기 위해서는 끊임없이 발전을 계속해야 한다고 보았다.

반면 체계론적 사고는 세계를 모든 현상이 상호연관되어 있고 상호의존적으로 작동한다고 파악한다. 체계론적 사고 즉 유기체론적 세계관에서 바라보면, 이 세상에 존재하는 모든 것들은 상호의존적이며 연결되어 있다. 예를 들어 가족의 경우라면 가족 구성원들이 서로 상호작용을 하면서 영향을 주고받으며 다양한 관계를 맺고 있다고 보는 것이다. 서로 연결되어 관계를 맺고 있는 가족은 그 안에서 많은 연결망을 만들고, 다양한 기능을 하는데, 유기체적인 총제로서 한 가족이 하는 기능은 가족 구성원 모두에게 영향을 미친다.

이와 같이 체계론적 사고 즉 유기체론적 세계관은 인간이 겪는 다양한 문제에 대해 다른 시각으로 접근하도록 했고, 문제를 해결하기 위한 방법을 기존과 달리하도록 변화를 촉진했다. 그러면서 전통적으로 개인이 겪는 문제를 해결하기 위해 개인의 심리를 치료하던 방식에서 그 개인이 속한 집단 즉, 가족을 치료의 대상으로 바라보도록 했다. 여기에는 개인이 어떤 문제를 겪거나 증상을 나타낸다면 그것은 단지 그의 심리 내적인 문제에 기인할 뿐이라는 기존 세계관의 입장에서, 그 개인이 유기적인 관계를 맺고 있는 체계로서의 가족이 제 역할과 기능을 하지 못함으로써 생기는 문제라고 보는 시각으로 변화했다는 의미가 담겨있다. 개인이 속한 체계로서의 그 가족이 역기능적인 상호작용을 한 결과 개인에게 문제와 증상이 유발되는 것이기에 개인의 문제와 증상을 해결하기 위해서는 그 가족의 역기능적인 상호작용이 변화될 필요가 있다고 본 것이다. 그 결과 개인의 심리 치료나 내면을 분석하던 것에서 한 걸음 나아가 개인이 맺고 있는 관계와 연결망 그리고 상호작용 방식이 작동하는 가족을 치료의 대상으로 여기며 가족치료가 발달하였다.

서구에서 가족치료가 발달하게 된 배경은 이와 같이 인식론의 변화에 따라 인간이나 가족을 바라보는 시각에 변화가 생겼기 때문으로 보는 동시에 그 당시 사회 전반에서 일어났던 다양한 변화를 주목한다(정문자 외, 2012). 그 변화란 개인 심리치료의 방식이 미처 다루지 못했거나 개인 심리치료를 하는 것으로는 한계가 있었던 문제와 어려움을 해결하기 위해서, 개인치료의 영역을 벗어난 곳에서 몇 가지의 움직임이 일어난 것을 말한다.[2] 이 당시 개인치료의 범주 밖에서 일어났던 변화는 집단역동운동, 아동지도운동, 부부상담 및 사회복지실천에 대한 관심이 점차 확대되기 시작한 것을 들 수 있다.

먼저, 개인심리 치료 밖에서 발생한 집단역동운동이란 개인에게 문제가 발생했을 경우, 그 개인을 돕기 위해 개입해야 할 대상이 개인 당사자뿐만 아니라 그 개인이 속해 있는 집단이 될 때, 해당 개인의 어려움이나 문제 해결이 더 효과적이라는 시각을 의미한다. 이는 당시 개인의 어려움을 돕고자 했던 정신치료자들이 그간 일상적으로 행해졌던 전통적인 정신치료 방식에 의문을 제기하면서 시작되었다. 환자를 개인이 아니라 개인이 포함된 가족 전체로 보기 시작하였고, 그래서 개인의 문제를 해결하고 돕기 위해서는 개인이 속한 가족 전체를 만나서 지원하는 것이 개인을 분리해 해당 당사자만 만나는 것보다 효과적일 것이라는 시각으로 발전한 것이다. 또 집단역동운동이 확산되면서 인간의 행동이 개인과 환경 간의 상호작용에서 비롯된다는 시각이 발전하고, 인간의 행동은 모든 상황에서 동일하게 나타나는 것이 아니라 그가 관계를 맺는 이들과 그 상황에 따라 변화한다는 점도 받아들여졌다. 그리고 집단에 속한 이들에게서 어떤 메시지가 오고 가는가 하는 것과 별개로 그들이 메시지를 주고받는 방식이나 방법 즉 그 과정에 주목하도록 함으로써 가족치료의 발달에 기여했다.

---

[2] 정문자·정혜정·이선혜·전영주(2012), 『가족상담의 이해』, 서울: 학지사 (본 참고도서를 통해 아래 네 가지 내용을 정리하였습니다.)

아동지도운동은 개인의 문제를 개인의 성장환경과 관련지어 보려는 노력이다. 한 개인이 심리적으로 문제가 있을 경우 개인이 가진 문제의 원인을 그 개인이 자란 특정 발달 시기에 받은 영향, 즉 인간의 특정 발달시기인 환경의 영향에 주목한다. 그래서 아동 혹은 성인이 겪는 심리적 문제의 원인을 단지 그 개인의 심리적인 내면보다는 아동기의 성장환경이나 부모와 맺었던 관계와 관련지어 설명한다. 이러한 현상은 20세기 초 프로이트, 아들러와 같은 정신분석이론가와 개인 심리학자들의 주장과 연관되어 있다. 그들은 인간의 정서적인 문제는 아동기에 시작되므로, 아동기에 문제에 대한 예방이나 문제를 조기에 발견하고 이에 대한 치료를 하는 것이 이후에 나타나는 개인의 심리적인 문제를 보다 예방할 수 있다고 보았다. 아동지도운동은 병리 혹은 문제의 발생으로 어려움을 호소하는 당사자가 있다면, 이는 그의 가족, 그리고 어려움을 겪는 당사자에게 의미가 있는 타인들과의 관계와 연관이 있다는 관점으로 바뀌는 데 도움을 주었다.

개인치료의 밖에서 부부상담의 필요성이 확산한 것도 가족상담이 발달하게 된 이유가 되었다. 그 당시 개인 심리치료가 취하던 주요 이론과 기법이었던 전통적인 정신치료적 접근 방법은 부부의 결혼생활 문제를 다루기에 한계가 있었다. 결혼생활에서 발생하는 문제는 개인에게 오로지 그 문제의 원인이 있다고 보기 어렵다. 일반적으로 두 사람의 상호작용의 결과로 문제가 발생하는 경우가 대부분이다. 그렇기 때문에 그 당시 결혼생활에 문제를 겪던 사람들은 자신이 겪는 문제를 해결하기 위해 개인의 심리 문제를 치료하는 정신치료 전문가를 찾기보다는 목사나 교사처럼 병원 밖에서 사람들을 돕는 전문가를 찾아가 곤 했고, 이들로부터 그들이 처한 어려움을 의논하고 도움을 받는 경우가 많았다. 당시 정신치료는 환자 가족과 접촉을 금하는 정신분석적 전통을 따랐지만, 목사나 교사 같은 심리치료 영역 밖의 전문가 집단은 결혼생활에서 발생하는 어려움을 해결하도록 돕기 위해서는 부부를 각 개인으로 만나기보다 같이 만나는 것이 효과적이라고 본 것이다.

마지막으로, 학자들은 개인을 돕고자 하는 개입의 초점을 개인이 아닌 가족에 두는 사회복지실천이 이루어진 것이 가족상담의 태동에 영향을 미쳤다고 본다. 사회복지실천은 19세기 말 영국과 미국의 자선조직협회(COS)[3]에서 출발하였는데 이들은 전통적으로 개입의 초점을 가족에 두었다. 이들은 기본적인 의식주 등 개인의 기본 욕구를 사정하고 원조하였으며, 가족이 겪는 심리적·정서적 문제에 관심을 가지고 부부갈등이나 자녀양육 문제의 해결을 도왔다. 가족이 겪는 문제를 정확하게 이해하기 위해 부모를 함께 만나는 것을 중요하게 생각하였는데, 특히 전체 가족에 대한 개입을 강조해서 그 가족의 구성원을 가족의

---

3) (COS / the charity organization society) 18세기 말엽 영국은 산업혁명으로 인해 공업 및 산업상의 대변혁과 함께 사회조직에 변혁이 일어나 여러 가지 사회문제가 발생, 이것을 해결하기 위해 구빈법을 중심으로 한 빈민구제, 경제·교육·의료제도의 개선으로 빈궁방지의 방법을 사용했는데 전자를 보완하기 위한 기술방법으로 나타난 것이 자선조직협회. 이 협회는 당시의 복지사업과 기관간의 효과적인 조정을 기하며, 구호행정의 중복과 경쟁을 피하고 기구와 기술을 발전시키고자 함[네이버 지식백과]

맥락 안에서 이해하고 파악하고자 했다. 그리고 가족 구성원 간에 그들이 서로 맺는 관계와 가족의 정서적인 유대는 개인이 사회에서 살아가고 성취를 이루는 일에 중요한 영향을 미친다고 보았다. 이처럼 개입의 초점을 개인이 아닌 가족에게 두는 사회복지실천이 점차 확대됨에 따라 여러 가족치료 지도자 들이 배출 되었는데, 사티어(Verginia Satir), 월시(Froma Walsh), 화이트(Michael White), 버그(Insoo Kim Berg), 드쉐이저(Steve de Shazer) 등이 그들이다.[4]

1950년대 발달하기 시작한 가족치료는 1970년대까지는 근대주의적이며 일반체계이론의 영향을 받은 Bowen, Satir, Minuchin, Whitaker, Haley 등의 가족치료 이론모델들이 서로 경쟁하면서 세계적으로 붐을 일으켰다.[5] 전통적인 정신분석적 가족치료를 비롯한 구조주의적 가족치료와 경험적 가족치료, 전략적 가족치료, 인지 행동적 가족치료 등은 탈근대주의와 구성주의의 강력한 도전을 받았으며, 사회구성주의를 기초로 하는 이야기치료와 해결중심치료 등은 새롭게 주목을 받게 되었다.[6]

초기 가족치료 모델은 '1차 가족치료' 또는 '체계론적 가족치료'라고 지칭된다. 초기 가족치료 모델은 유기체론적 시각을 온전하게 반영했다기보다는 그 당시 서구사회를 지배한 모더니즘

---

4) 정문자·정혜정·이선혜·전영주(2012), 『가족상담의 이해』, 서울: 학지사.
5) 정문자·정혜정·이선혜·전영주(2012), 『가족상담의 이해』, 서울: 학지사.
6) 정문자·송성자·이영분·김유순·김은영(2008), 『해결중심단기상담』, 서울: 학지사.

7)의 영향 아래에 있었다. 기존의 개인 심리치료에 치중하던 것에서, 개인에게 문제가 발생했을 경우 초점을 개인 심리 내면에서 벗어나 관계나 맥락에 두었다. 체계론적 가족치료는 가족의 상호작용 패턴을 객관적인 기준으로 평가하거나 관찰할 수 있다고 보았고, 이때 발달한 다양한 가족치료의 각 모델에서 제시하는 주요 개념에 따라 가족의 정상성이나 역기능성 여부를 정의하고 치료 목표를 설정하였다. 또한, 초기 가족치료 모델에서 치료자는 전문가의 위치를 차지하였는데, 이들은 전문가로서 가족의 기능이나 역기능에 대한 객관적·전문적 지식을 가지고 관찰하고 평가하였다. 이에 비해 내담자에게는 초점을 맞추지 않아 그들의 경험세계는 후기에 출현한 가족치료 모델과 비교해 그다지 고려되지 않았다. 즉, 초기 가족치료 모델들은 개인의 문제가 개인뿐 아니라 가족과 관련되어 있다는 사실을 그들이 정립한 모델 내에서 가정했으며, 가족이 가져야 할 정상적인 모습이 있다고 보았다. 그래서 초기 가족치료 모델들은 공통으로 가족의 상호작용 패턴이나 관계를 맺는 모습에서 정상성이나 역기능을 전문가들이 관찰하고 평가했으며, 가족이 나아가야 할 방향을 제시하고자 했다. 즉 내담자들의 의견보다는 전문가인 치료사들의 의견으로 가족의 정상성을 판단하고자 했다.

후기에 등장한 가족치료 모델은 포스트모더니즘의 확산에서

---

7) 기계론적 세계관을 반영한 사조, 세상은 어떤 법칙이나 규칙에 의해 움직이는 기계와 같고, 이 기계를 움직이는 법칙을 알면 기계 고장 나도 쉽게 고칠 수 있다고 봄, 절대적인 진리가 존재한다 믿고, 보편적 원리를 근거로 객관적이고 과학적인 관찰과 측정을 통해 실재를 발견하는 것이 가능하다고 믿음

비롯되었다. 포스트모더니즘의 등장은 개인이 부여하는 의미가 곧 진실이며 실재라는 믿음을 가져왔다. 실재란 객관적으로 존재하는 그 무엇이 아니라 개인이 주관적으로 구성하는 의미의 세계라는 것이다. 1차 가족치료 모델의 바탕이었던 일반체계 이론의 영향이 감소하고, 구성주의[8]와 사회구성주의[9]가 포스트모더니즘의 사조 속에 새롭게 나타났다. 이로 인해 특정 모델에서 말하는 주요 개념에 근거해 정상성과 역기능성을 평가하고 치료 목표를 설정하는 것 대신, 개인이 자신이 속한 가족이나 관계를 어떻게 경험하고 있으며, 그 경험에 어떤 의미를 부여하며, 자신의 경험의 세계를 어떻게 구성하는지 파악하는 것이 문제 해결 과정에서 더 중요해졌다.[10] 즉 1차 가족치료를 지배했던 체계론적 사고에서는 초점을 구조적, 객관적 측면에 두었다면, 포스트모더니즘과 사회구성주의의 영향을 받은 후기 가족치료 모델들은 내담자의 주관적 현실 세계와 언어적 상호작용에 따라 실재가 달라질 수 있음을 강조했다. 그리고 치료자는 내담자보다 더 많이 알고 있는 전문가로 간주하던 1차 가족치료 모델에서와 달리, 내담자와 동등한 동반자의 입장으로 내담자의 경험 세계를 재창조하는 과정에서 협력할 것이 강조되었다. 포스트모더니즘의 확산으로 발전된 후기 가족치료 모델은 대표적으로 해결중심 모델, 이야기 치료 등이 있다.

---

8) 실재란 개인이 주관적으로 구성하는 것임을 강조
9) 우리가 경험하는 실재는 사회적이고 언어적 상호작용을 통해 구성된다고 보는 시각
10) 정문자·정혜정·이선혜·전영주(2012), 『가족상담의 이해』, 서울: 학지사.

02
해결중심 가족상담

1) 해결중심 가족상담의 정의

해결중심 가족상담(Solution Focused Family Counseling)은 해결중심상담(Solution Focused Brief Therapy)[11]의 기본 철학과 상담 방법을 기초로 어려움을 겪는 가족을 지원하는 상담 방법이며, 해결중심 가족치료와 같은 의미로 사용된다. 해결중심상담은 문제를 가진 내담자일지라도 자신의 문제를 해결할 수 있는 능력과 자원을 이미 가지고 있다는 신념에 기초하고 있으며 상담자는 내담자가 자신의 강점과 자원을 인식하도록 조력하여 내담자 스스로가 원하는 목표를 발견하고 성취해 나갈 수 있도록 돕는 상담 방법(Berg & Miller, 1992, 가족치료연구모임 역, 1995)으로, 현

---

[11] 해결중심단기치료(Solution Focused Brief Counseling)와 같은 의미로 사용

대 사회에 매우 잘 맞는 모델로 인정받고 있다(Nichols & Schwartz, 2001). 해결중심상담은 미래에 초점을 맞춘 목표지향적인 접근 법으로 1980년대 초 밀워키 단기가족상담센터에서 Insoo Kim Berg와 Steve de Shazer에 의해 발전된 모델이다(de Shazer et al., 2007/2011). 해결중심상담은 인간의 현실은 객관적 진실이 아니 라 주관적으로 형성된다는 사회구성주의 관점을 기초로 클라이 언트의 인식을 바꾸는 데 초점을 맞춘다. 그리고 클라이언트가 효과적으로 행동할 능력이 있음에도 불구하고 부정적인 마음가 짐으로 인해 그 능력이 저하되었다고 가정하고, 클라이언트의 관심을 좋았던 시간으로 이끌면서 상황을 다르게 바라볼 수 있 도록 한다(Nichols& Schwartz, 2001).

1987년 Insoo Kim Berg와 Steve de Shazer에 의해 한국에 소개 되기 시작한 해결중심상담모델은 다양한 실천현장에서 활용되 고 있다. 가족, 개인, 집단을 위한 상담, 사례관리, 수퍼비전, 코 칭 등 적용되는 예에 따라 다양한 이름으로 불리지만, 문제중심 이 아닌 해결중심접근에 토대를 두고 있는 점은 같다. 해결중심 접근에 관한 연구는 저소득층 여성, 아동, 비행 청소년, 알코올 중독 환자, 노숙자 등 다양한 대상을 통해 시행되었으며, 이외 에도 학교부적응, 중년여성, 대학생 등을 대상으로 한 연구 또 한 진행되어 효과를 보고하고 있다.

해결중심상담의 철학적 바탕을 가족을 대상으로 적용한 해결 중심 가족상담은 예를 들어 학교에서 문제 행동을 보이는 아동 과 가족일지라도 미처 깨닫지 못한 강점과 자원, 문제를 해결할 수 있는 능력을 갖추고 있다고 믿는다. 그리고 아동 및 가족과 협력하여 문제가 되지 않았던 상황을 탐색하고 이를 확장하여, 학교부적응 아동과 가족이 문제가 해결된 상황 속에서 살아가도록 돕고자 한다. 해결중심 가족상담은 가족들에게 문제가 없는 미래에 초점을 두도록 하며, 현재의 문제에 잘 대처하고 조정하기 위해 과거에 있었던 성공적인 경험을 강조함으로써 가족의 장점에 주의를 기울이도록 한다. 가족치료의 다른 접근에서도 그렇듯 해결중심 상담자는 종종 모든 가족 구성원이 참여하지 않아도 가족치료를 한다. 이는 체계 안의 한 요소의 변화, 혹은 요소 간에 일어난 변화가 체계 속의 다른 요소들과 다른 관계들에 영향을 준다(de Shazer & Molnar, 1984)고 보기 때문이다. 가족치료에서는 심지어 한 명의 가족 구성원이 가족 문제에 관해 상담받더라도 가족의 문제가 점차 해결된다고 가정한다. 단지 한 명의 가족 구성원이 상담을 통해 변화가 생긴다면, 그 구성원에게 일어난 변화는 다른 가족 구성원에게도 영향을 주고 또한 받게 되기 때문이다. 한 명의 가족 구성원이라도 오랜 시간에 걸쳐 일어나는 행동-반응 작용을 통해 물결효과(ripple effect)처럼 가족 전체에 변화를 가져올 수 있다고 본다(Berg, 1994; Corcoran, 1998; Williams, 2000).

해결중심 가족상담은 해결중심상담의 철학과 원리를 토대로 한 가족상담 방법으로, 상담을 진행하는 과정에서 해결중심상담의 가정과 원리에 기초하고, 해결중심상담의 구조를 따르며, 상담기법, 질문 등을 활용한다. 이 책에서는 해결중심상담의 가정과 원리, 상담의 진행방식과 중요하게 여기는 기법들을 간략하게 살펴볼 것이다. 해결중심접근에 관해 더 자세하게 알고자 하는 독자는 다양한 해결중심 관련 서적을 통해 보다 풍부하고 깊게 이해하고 공부하면 좋을 것이다.

2) 해결중심상담의 가정

해결중심상담은 강점 기반 접근 방식으로 사람들이 보유한 자원과 이를 긍정적 변화 과정에 적용할 수 있는 방법을 강조하며, 문제 차원에 대한 자세한 분석보다는 강점과 '문제없는 삶'에 중점을 둔다(Woods et al., 2011). 다음은 해결중심상담의 주요 가정[12]이다. 해결중심접근에서는 아래와 같은 가정을 토대로 할 때 내담자에게 보다 빠른 변화가 나타난다고 본다.

첫째, 긍정적인 측면에 초점을 둔다. 긍정적이고 문제 해결이 가능한 측면에 초점을 맞출 때 바람직한 변화가 일어나기 쉽다.

둘째, 예외 상황은 해결의 실마리를 보여 준다. 모든 문제에는 예외 상황이 있기 마련이며 목표 설정에 활용될 수 있다.

셋째, 변하지 않고 그대로 머무는 것은 아무것도 없다. 변화는 항상 일어나고 있다.

넷째, 작은 변화는 큰 변화로 이끈다. 작은 변화는 큰 변화를

---

12) 정문자·이영분·김유순·김은영(2020), 『해결중심 가족상담』, 서울: 학지사.

유도해 낸다.

다섯째, 사람은 문제를 해결할 능력과 자원이 있다. 사람은 자기 문제를 해결하기 위해 필요한 모든 것을 가지고 있다.

여섯째, 의미와 체험의 변화는 상호작용 속에서 일어난다. 사람은 체험에 의미를 부여하며, 동시에 체험은 사람의 것이 된다.

일곱째, 의미는 반응 속에 있다. 우리의 세계는 상호작용 속에서 의미가 있다.

여덟째, 내담자가 전문가다. 내담자가 자기 문제에 대해 가장 많이 알고 있으며 많은 해결책을 시도했을 것으로 본다.

아홉째, 상황에 대한 정의는 행동과 순환한다. 내담자가 어떻게 목표를 설정하고 무엇을 하는가에서의 작은 변화는 타인과의 상호작용에도 영향을 미친다.

열째, 협동작업은 있게 마련이다. 내담자는 항상 협조하고 있으며 변화에 대한 자기 생각을 보여 준다.

열한째, 치료체계의 구성원은 상담목표와 상담 노력을 공유하는 사람들이다. 이들은 상담목표를 함께 나누고 목표 달성을 위해 노력할 의사를 가진 모든 사람들이다.

3) 해결중심상담의 주요 원리[13]

해결중심상담의 주요 원리를 살펴보면 다음과 같다.

첫째, 문제가 되지 않는다면 그대로 둔다.

둘째, 효과가 있다면 그것을 더 많이 한다. 내담자가 가진 해결책의 질을 평가하는 것이 아니라 해결책이 효과적인지 중요하게 여긴다.

셋째, 효과가 없다면 무언가 다른 것을 한다. 아무리 해결책이 좋아 보인다고 해도 효과가 없다면 그것은 해결책이 될 수 없다는 의미다.

넷째, 작은 변화는 큰 변화로 이끈다. 일단 변화가 일어나면 눈덩이가 커지듯 계속해서 변화를 이끌어 내며 큰 혼란 없이 좀 더 큰 체계의 변화를 점진적으로 만들어 낼 것으로 가정한다.

다섯째, 해결책이 반드시 문제와 직접 관련된 것은 아니라고 본다. 변화를 위해 문제에서 접근하는 것이 아니라 문제가 해결되면 무엇이 달라질 것인지에 대한 설명을 먼저 이끌어 냄으로써 해결책을 발전시키고자 한다. 문제의 원인이나 특정 내담자의 병리나 역기능적 상호작용이 행동에 영향을 주었을 수 있지만, 해결중심상담은 현재와 미래에 초점을 맞춤으로써 문제에

---

13)   • de Shazer·Yvonne Dolan·Harry Korman·Tetty Trepper·Eric McColum & Insoo Kim Berg(2011), 『해결중심 가족치료의 오늘, 기적 그 이상의 것[More than miracles; The state of the art of solution-focused brief therapy]』, 한국단기가족치료연구소 역, 서울: 한국단기가족치료연구소.
      • 한국단기가족치료연구소(2017), 『해결중심단기가족상담 초급과정 워크샵 자료』, 서울: 한국단기가족치료연구소.

대한 해결책을 만들어간다.

여섯째, 해결책을 발달시키는 데 필요한 언어는 문제를 서술하는 언어와는 다르다. 문제중심 언어는 부정적이고 문제의 원인을 기술하기 위해 과거에 초점을 맞추지만, 해결중심 언어는 좀 더 긍정적이고 희망적이며 미래에 초점을 맞추고 있으며 내담자가 보이는 문제는 영원하지 않고 일시적이라고 가정한다.

일곱째, 문제가 항상 일어나는 것은 아니다. 언제나 활용할 수 있는 예외는 있기 마련이라는 것이다. 항상 문제에 예외는 있기 마련이며 작은 예외라고 할지라도 작은 변화를 만드는 데 활용될 수 있다고 본다.

여덟째, 미래는 창조될 수 있으며 만들어 갈 수 있다고 본다. 사람들은 자신의 운명을 만들어 갈 힘이 있다고 본다.

4) 해결중심상담의 개입 기법[14]

해결중심상담의 주요 개입 기법을 살펴보면 다음과 같다.

첫째, 긍정적·협력적·해결중심적인 자세를 갖는 것이다. 치료자가 보이는 전반적인 태도와 자세는 해결중심상담의 가장 중요한 측면 중 하나로 긍정적이고 정중하며 희망적이다. 사람들은 강한 회복력을 가지고 있으며 변화를 위해 이를 활용할 수

---

14) 한국단기가족치료연구소(2017), 『해결중심단기가족상담 초급과정 워크샵 자료』, 서울: 한국단기가족치료연구소.

있다고 본다. 또한, 다른 모델들이 저항이라고 부르는 것에 대해서 해결중심상담은 자신을 보호하거나 조심하는 데서 비롯된 것으로 가정하기 때문에 상담을 위계적이기보다 협력적인 관계로 만든다(de Shazer et al., 2007/2011).

둘째, 이전의 해결책을 탐색하는 것이다. 대부분의 사람은 이미 많은 문제를 해결해 왔기 때문에 잠깐이라도 문제를 해결했던 그 시점과 장소 상황에서 사용했던 해결책을 탐색하는 것이 중요하다고 본다.

셋째, 예외를 탐색하는 것이다. 예외란 문제가 일어날 수 있었으나 그렇지 않았다고 여겨지는 시점을 의미하는 것이다. 성공하지 못했던 이전의 해결책과 예외 간에는 작지만 중요한 차이점이 있다고 보고, 이 때에 대한 구체적인 탐색을 하는 것이다.

넷째, 질문은 가장 중요한 의사소통 도구다. 그러나 해결중심 치료자는 해석하지 않으며 직면하려 하지 않는다.

다섯째, 현재와 미래에 초점을 둔 질문을 사용한다. 과거와 문제에 초점을 맞추는 것이 아니라 이미 효과적으로 하고 있는 것과 내담자가 자신의 삶에서 원하는 것에 초점을 맞추는 것이다.

여섯째, 칭찬을 활용한다. 이는 해결중심상담의 또 다른 핵심 부분이다. 이미 잘 하고 있는 것을 알려주고, 겪고 있는 문제가 얼마나 어려운지를 인정해 줌으로써 변화를 격려한다.

일곱째, 효과적인 것을 더 하도록 부드럽게 격려한다. 이미 효과가 있는 방법을 더 많이 하고, 변화를 더 시도할 수 있도록 실험해 보기를 격려한다.

5) 해결중심 가족상담의 구조

해결중심상담은 내담자가 바라고 원하는 것에 주의를 기울이는 것에서부터 시작된다. 아래에 첫 회기 및 두 번째 회기 이후, 상담을 통해 내담자가 설정한 목표를 달성하기 위해 노력하는 과정을 해결에 이르는 안내도로 제시하였다.

상담하기 전에 해결중심상담자는 첫째, 내담자와 라포를 형성하는 것이 중요한 시작이다. 일반적으로 처음 내담자를 만나면 먼저 이름을 교환하고 주변의 일상적인 이야기(small talk)를 할 수 있다. 그 후 상담이 어떤 과정을 거쳐 이루어지는지 상담과정에 대해 간략하게 설명한다. 둘째, 내담자가 상담에 온 이유를 알기 위해 문제에 대한 설명을 듣는다. 그 문제에 대해 내담자가 어떻게 지각하고 있는지에 대해 질문하며 이때 내담자가 사용하는 언어를 존중한다. 그 '문제'가 내담자에게는 어떻게 문제가 되는지를 알아보며, 내담자가 문제 해결을 위해 시도했던 방법과 노력에 대해 파악하고, 내담자가 가장 먼저 해결하고자 하는 문제에 대해 알아본 후 상담목표를 설정한다.

[그림 I-1] 해결에 이르는 안내도(첫 회기 상담)[15]

해결에 이르는 안내도

메모하기와 메시지 설명하기

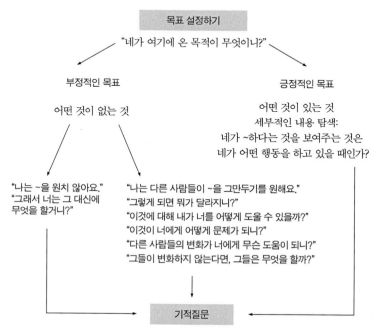

목표 설정하기

"네가 여기에 온 목적이 무엇이니?"

부정적인 목표   긍정적인 목표

어떤 것이 없는 것

어떤 것이 있는 것
세부적인 내용 탐색:
네가 ~하다는 것을 보여주는 것은
네가 어떤 행동을 하고 있을 때인가?

"나는 ~을 원치 않아요."
"그래서 너는 그 대신에
무엇을 할거니?"

"나는 다른 사람들이 ~을 그만두기를 원해요."
"그렇게 되면 뭐가 달라지니?"
"이것에 대해 내가 너를 어떻게 도울 수 있을까?"
"이것이 너에게 어떻게 문제가 되니?"
"다른 사람들의 변화가 너에게 무슨 도움이 되니?"
"그들이 변화하지 않는다면, 그들은 무엇을 할까?"

기적질문

"만약에 오늘밤에 기적이 일어나서 네가 내일 아침에 눈을 떴을 때 네 문제가
모두 해결되었다면, 기적이 일어났음을 보여주는 첫 번째 신호는 무엇일까?"
"너는 어떻게 다르게 행동하고 있을까?"
"너에게 변화가 일어났다는 것을 누가 처음으로 알아차리게 될까?"
"그들은 무엇을 알아차리게 될까?"
"그들은 너의 달라진 점을 보고 어떻게 반응할 것 같니?"
"너는 그들의 반응에 대해서 어떻게 대응할거니?"

---

15) Gerald B. Sklare(2001), 『단기상담 -학교 상담자를 위한 해결중심적 접근- [Brief Counseling That Works]』, 송현종 역, 서울: 학지사.

↓

기적이 일어난 후 그 밖에 또 달라지거나 / 일어난 것은? (3~4회)

관계 질문

"너의 선생님, 친구, 부모, 형제자매 등은 기적이 일어난 후에
네가 무엇이 달라졌다고 말할까?"
"너의 달라진 점을 보고 그들은 어떻게 행동할까?"
"그들이 너를 다르게 대할 때, 너는 그들에게 어떻게 다르게 행동할거니?"

↓

예 - 예외

"이 기적이 조금이라도 일어나고 있거나 이미 일어났던 때에 대해 말해주겠니?"
(응원하기)

↓

평정

"1부터 10까지 있는 척도에서, 1은 상황이 최악의 경우, 10은 기적이 일어난 직후의
경우라고 할 때, 너는 바로 지금 어디에 있다고 생각하니?" **(응원하기)**
"10% 향상을 위해(1점을 더 올리기 위해) 네가 해야 할 일은 무엇일까?"
(지뢰밭 표시하기) 만약 ~이라면 너는 무엇을 할거니?"

↓

"이 밖에 내가 더 물어보거나 알아야 할 것이 또 있니?"

↓

메시지

칭찬(적어도 세 가지) - 연결 진술 - 과제

해결중심접근에는 내담자와 문제 해결을 위한 목표 설정 원
칙이 있다. 그리고 이 원칙에 따라 상담자는 내담자와 협력하여
상담목표를 설정한다. 해결중심상담의 목표설정 원칙은 내담
자에게 중요하다. 작고 구체적이며 명확하고 행동으로 옮길 수
있는 것, 문제를 없애는 것보다 긍정적인 행동을 시작할 수 있

는 것, 목표를 달성한 결과보다 바라는 결과의 시작이 될 수 있도록 상담목표를 설정한다. 또 내담자의 생활에서 현실적이고 성취 가능한 것, 내담자에게 목표 수행은 힘든 일이라는 것을 알도록 안내한다.

목표설정이 이루어진 후에는 이 목표를 달성해 나가기 위한 해결책을 구축하기 위해 먼저 문제가 덜 되었던 예외의 상황을 발견하는 데 초점을 둔다. 언제 문제가 일어나지 않는지, 혹은 어느 상황에서는 문제가 덜한지 탐색한 후, 그러한 예외상황이 내담자가 의도적으로 만들어 낸 것인지 아니면 우연히 발생한 일인지 찾는다. 만약 이 예외 상황을 내담자가 의도적으로 만들어 낸 상황이라면 한 회기 상담 종료 전 내담자에게 메시지를 전달할 때 '같은 것을 더 하기'와 같은 과제를 제시하여 예외적인 상황이 일어날 수 있는 행동을 더 하는 기회를 준다. 그리고 예외를 탐색했을 때 내담자의 예외적인 상황이 우연히 발생한 것일 경우, '어떻게 그렇게 되었는지 발견하기'와 같은 과제를 제시한다. 이 과제를 통해 내담자는 예외적인 상황이 언제, 어떻게 전개되었는지를 관찰하거나 다음 상담 때까지 예외가 얼마나 있을 것인지 예상해 보는 기회를 가지게 된다.[16]

한편 목표와 관련한 예외의 상황을 내담자가 발견하지 못한 경우가 있다. 내담자가 자신에게서 문제 되지 않는 순간이 언제

---

[16] • 한국단기가족치료연구소(2016), 『해결중심단기가족상담 중급과정 워크샵 자료』, 서울: 한국단기가족치료연구소.
  • 한국단기가족치료연구소(2017), 『해결중심단기가족상담 초급과정 워크샵 자료』, 서울: 한국단기가족치료연구소.

발생하는지 알지 못할 경우, 상담자는 기적질문을 할 수 있다. 이 질문은 기적의 순간이 온다고 가정할 경우, 내담자가 상담에 의뢰한 문제가 해결되었을 때 내담자는 어떻게 조금이라도 다르게 행동할지에 대한 탐색을 이어가기 위한 것으로, 상담자는 기적질문을 통해 내담자가 예외를 찾도록 안내한다. 예외를 발견하게 될 경우, 상담자는 내담자에게 '아주 작은 부분을 실행하기' 같은 과제를 줄 수 있다. 이것은 마치 기적이 일어난 것처럼 행동하게 하고, 그럴 경우 무엇이 달라지는지 관찰하도록 하는 것이다. 만약 기적질문을 통해서도 예외를 찾지 못할 경우에는, 내담자 자신의 대처방식에 대해 관찰해 올 수 있는 과제를 제시한다. 다음 상담 때까지 상황이 왜 더 나빠지지 않게 되었는지, 혹은 내담자의 생활에서 더 일어나기를 원하는 것이 무엇인지 관찰하는 과제를 제시한다.

그런데 목표를 설정하는 과정에서 내담자가 자신이 상담을 받아야 한다는 데 대해 동의하지 않는 경우가 있다. 상담에서 원하는 바가 없거나 불평이 많은 경우, 자신의 행동이 문제가 없다고 보는 경우이며, 상담목표 설정이 쉽지 않을 수 있다. 이처럼 비자발적인 내담자와 만날 경우, 상담자는 한 발자국 떨어져서 내담자를 따라가며, 내담자가 상담에서 자신이 바라는 것을 찾도록 안내할 수 있다. 상담에 의뢰되어 왔거나 비자발적으로 온 내담자의 경우, 상담자는 내담자에게 상담 후반에 메시지 전달 시, 그런데도 상담에 온 내담자의 행동을 칭찬하고, 과제는 제시하지 않으며, 다음 면접 시간에 최대한 올 수 있도록 약

속을 잡도록 한다.[17]

　해결중심상담에서 첫 회 상담 이후의 상담 과정은 거의 동일한 순서로 이루어진다. '첫 회 상담 이후 무엇이 좋아졌는지', 작은 변화에 대한 질문을 통해 예외적인 상황을 발견해 내는데, 이끌어내기(Elicit) - 확대하기(Amplify) - 강화하기(Reinforce) - 다시 시작하기(Start again)의 과정을 반복적으로 수행하며 상담을 진행한다.[18] 그리고 해결중심상담에서는 매 회기 상담 종료 전 짧은 휴식시간을 가지며, 이때 상담자는 메시지를 작성한다. 휴식시간 이후 내담자에게 메시지를 전달하는 것으로 상담이 마무리되는데, 메시지는 그날 내담자와의 상담에서 다루어지고 확인된 내용을 바탕으로 하며, 내담자와 상담자 관계유형과 상담목표가 잘 설정된 정도, 예외 상황의 존재 여부를 고려하여 작성한다. 해결중심상담에서 활용되는 메시지는 다른 상담접근법과 구별되는 독특한 방법으로 그 자체만으로 치료 효과가 있다고 여겨지며, 칭찬(Compliment) - 연결문(Bridge) - 과제(Task)의 순으로 제시된다.[19]

---

[17]　• 한국단기가족치료연구소(2016), 『해결중심단기가족상담 중급과정 워크샵 자료』, 서울: 한국단기가족치료연구소.
　　• 한국단기가족치료연구소(2017), 『해결중심단기가족상담 초급과정 워크샵 자료』, 서울: 한국단기가족치료연구소.

[18]　• 한국단기가족치료연구소(2016), 『해결중심단기가족상담 중급과정 워크샵 자료』, 서울: 한국단기가족치료연구소.
　　• 한국단기가족치료연구소(2017), 『해결중심단기가족상담 초급과정 워크샵 자료』, 서울: 한국단기가족치료연구소.

[19]　• 한국단기가족치료연구소(2016), 『해결중심단기가족상담 중급과정 워크샵 자료』, 서울: 한국단기가족치료연구소.
　　• 한국단기가족치료연구소(2017), 『해결중심단기가족상담 초급과정 워크샵 자료』, 서울: 한국단기가족치료연구소.

[그림 I -2] 해결에 이르는 안내도 (후속 회기 안내도)[20]

두 번째 회기 및 후속 회기 안내도

"달라지거나 더 나아진 것이 무엇인가?"

전혀 없음 또는 더욱 악화됨   몇 가지 있음

↓

이끌어 내기, 증폭하기, 강화하기,
반복해서 시작하기
(이 외에 또 달라지거나 더 나아진 것이
무엇인가?)

인정하고, 들어주고,
더 나아진 것 들어보기

↓   ↓

질문   평정

"항상 상황이 나쁜가?"
"아니다."
"그때는 어떻게 해서
상황이 호전되었는가?"

네 목표에의 도달과 관련해서 볼 때
너는 지금 척도상의 1과 10 사이에서
어느 곳에 위치하고 있는가?

↓

추가 회기 필요성 평가
우리는 얼마나 더 많이 만나야 할까?
(회기의 계속 또는 중단 계획)

↓

메시지

---

20) Gerald B. Sklare(2001), 『단기상담 -학교 상담자를 위한 해결중심적 접근- [Brief Counseling That Works]』, 송현종 역, 서울: 학지사.

6) 해결지향적 질문[21]

　해결중심상담에서는 내담자의 문제의 해결책 구축을 위해 다양한 해결지향적 질문을 활용한다. 이를 차례로 살펴보면 다음과 같다.

　첫째, 면담 전 변화에 관한 질문(Pre-session Change question)이다. 해결중심상담에서는 '변화란 불가피하며 계속해서 일어난다'라고 가정하기 때문에 내담자가 상담 약속을 결정한 이후에 상담 장소에 오기까지 변화가 있을 수 있다고 본다. 그러므로 면담 전 변화에 대해 알아보는 것은 문제 해결에 중요한 단서를 제공해 줄 수 있다. 만약 변화가 있는 경우 이미 보여준 내담자의 해결 능력을 인정함과 동시에 이를 강화하고 확대함으로써 문제 해결을 위한 시작이 되도록 할 수 있다.

　둘째, 예외질문(Exception-Finding question)이다. 예외란 내담자가 문제로 생각하고 있는 행동이 일어나지 않는 상황이나 행동을 의미한다. 한두 번의 중요한 예외를 찾아내어 그것이 어떻게 일어날 수 있었는지 구체적으로 확인하면서 내담자의 예외적 성공을 확대하고 강화 시켜 의도적으로 계속 실행하도록 격려하려는 의도에서 하는 질문이다.

---

21)　• 정문자·정혜정·이선혜·전영주(2012), 『가족상담의 이해』, 서울: 학지사.
　　　• 한국단기가족치료연구소(2017), 『해결중심단기가족상담 초급과정 워크샵 자료』, 서울: 한국단기가족치료연구소.
　　　• Berg, I. K., & Steiner, T. (2009), 『아동과 청소년을 위한 해결중심 상담. [Children's solution work]』, 유재성·장은진 역, 서울: 학지사. (원전은 2003에 출판)

셋째, 기적질문(Miracle question)이다. 기적질문은 내담자의 문제가 해결된 상황을 상상하도록 함으로써 이를 실마리로 해결책을 구축해나가기 위해 주로 상담목표 설정과정에서 활용하는 질문이다.

넷째, 척도질문(Scaling question)이다. 척도질문은 숫자를 이용하여 내담자의 문제 정도, 현재 상태, 치료에 대한 확신, 변화를 위해 할 수 있는 노력의 정도 등을 알아보고자 하는 것이다. 상담의 전 과정에서 사용할 수 있으며, 이 질문을 통해 내담자의 상태에 관한 다양한 정보를 얻을 수 있다.

다섯째, 대처질문(Coping question)이다. 이 질문은 자신에게 기대할 만한 희망이나 미래가 보이지 않는다고 여기는 내담자들에게 '그토록 절망적인 상황에서 견딜 수 있었던 힘이나 방법' 등 내담자가 그동안 대처해 온 방법에 대해 질문하는 것이다. 그렇게 함으로써 내담자에게 자신이 이미 대처 방안의 기술을 가졌음을 깨닫게 하고, 내담자가 믿고 있는 절망감과 무력감에 대항하며, 어려움을 견뎌온 자신에게 조금이나마 성공을 느끼도록 유도할 수 있다.

여섯째, 관계성 질문(Relationship question)이다. 관계성 질문은 내담자가 중요하다고 보는 관계에 있는 사람들의 눈으로 내담자를 보도록 안내하는 질문이다.

일곱째, 악몽 질문(Nightmare question)이다. 악몽 질문은 상담목표 설정을 위해 여러 가지 해결지향적 질문을 했지만, 효과가 없을 때 사용하는 것이다. 내담자에게 '어떤 더 나쁜 일이 일어나야만 내담자가 뭔가를 하려고 하거나 문제에서 벗어날 수 있을 것'으로 치료자가 믿을 때 사용한다.

여덟째, 간접적인 칭찬이다. 간접적인 칭찬은 매우 강력한 칭찬의 기법이자 해결지향적 질문의 하나로, 내담자의 어떤 측면이 긍정적이라는 사실을 암시하는 것이다. 내담자에게 자신의 강점이나 자원을 발견하도록 이끌게 하는 힘을 가지고 있어서 일반적으로 직접적인 칭찬보다 더 바람직하다고 간주한다.

아홉째, 그 외에 또 무엇이 있는지(What else question)를 묻는 질문이다. 이 질문은 상담 과정에서 예외를 더 발견해내고, 장점과 자원, 성공적 경험 등 긍정적인 측면을 더 이끌어 내기 위해 사용하는 질문이다.

해결중심 가족상담에서 해결지향적 질문은 목표설정에서부터 해결책 구축까지 다양하게 활용한다. 가족상담뿐만 아니라 해결중심접근을 기초로 하는 다양한 영역에서도 이 질문들이 중심적으로 사용된다.

7) 아동을 위한 해결중심상담

해결중심상담에서는 아동을 스스로 문제를 해결할 능력이 있는 존재로 인정하고, 아동에 대해 비난하지 않는 태도를 보이며, 문제에 초점을 두지 않음으로써 아동을 변화할 수 있는 존재로 신뢰한다(Lethem, 2002). 이와 같은 아동에 대한 낙관적인 관점과 존중하는 태도는 아동과의 상담에서 문제에 대한 해결책 구축에 도움을 준다.

해결중심접근에서는 아동과 작업하기 위해 몇 가지 사항을 전제로 한다. 아동은 부모를 비롯한 성인에게 자랑스러운 사람이 되고 싶어 하며, 그들을 기쁘게 하고 싶어 한다고 가정한다. 또한, 집단의 자랑스러운 성원으로 받아들여지기를 바라며, 능동적이고 다른 사람들과 함께 활동하기를 바란다고 본다. 그리고 아동은 새로운 것에 호기심이 있으며, 놀라운 일들을 함으로써 다른 사람에게 대단한 사람으로 인정받고 싶어 한다고 보며, 자신들의 의견을 표현하고, 자신들에게 기회가 주어질 때 스스로 선택하고 싶어 한다고 가정한다(한국단기가족치료연구소, 2017; Berg & Miller, 1992/1995).

해결중심상담은 상담자와 내담자 간의 대화가 치료적 개입의 근간이기 때문에 효과적인 대화를 이끌 수 있는 능력, 그 중 해결중심적 질문을 적절히 수행할 수 있는 상담자의 역량이 중요하다(장춘난, 백종환, 최중진, 2019). 이는 언어적 기법을 주된 치료방법으로 하는 해결중심상담의 '대화 중심 치료(talk therapy)'의 특징 때문이다. 이와 관련해 비언어적인 수단을 통해 의사소통하는 아동의 발달적 특성을 충족하는 데 한계가 있다는 지적(Nims, 2007; Selekman, 1997)이 있었고, 연구자들은 해결중심상담의 이러한 한계를 넘어서고자 손 인형, 이야기, 그림, 게임과 놀이(Berg & Steiner, 2003/2009) 등을 상담에서 질문하기 위한 보조도구로 활용하였다. 이 외에도 감정카드, 스토리카드, 동물 인형, 풍선, 점토, 스티커, 미니어처, 젠가, 사진, 마법모자, 지팡이, 활동지 등 다양한 도구와 자료가 상담에 활용되었다.

정문자와 어주경(2004)은 학교부적응 아동을 위한 해결중심 집단상담 프로그램을 개발하면서 다양한 도구와 활동을 사용했는데, 감정카드, 만화, 동물 가족화, 연상화 그리기, 역할놀이 등을 활용하였다. 정문자 등(2008)은 해결중심상담에서 놀이를 활용하는 것이 상담에 효과가 있다는 점을 지적하면서, 활동의 예로 인형과 손 인형을 이용한 이야기 나누기, 엑스레이 그림 그리기, 감정카드 놀이, 기적그림 그리기, 블록 탑 쌓기 등을 소개한 바 있다. 이런 놀이 활동은 아동의 의사소통, 공감능력 향상, 감정탐색 및 표현, 치료 목표 설정, 자신의 긍정적 변화 인식을 촉진(정문자 외, 2008; Selekman, 1997)하는 역할을 하며, 아동이 치료에 더 잘 몰입하게 도움으로써(정문자 외, 2004) 치료 목표를 달성하도록 돕는다고 보았다.

Nims(2007)는 놀이치료에서 사용되는 예술 기법, 모래상자 기법, 퍼펫 등이 아동을 위한 유용한 도구가 될 수 있음을 지적했다. 또한, 해결중심상담 과정에서 활용할 수 있는 구체적인 방법을 제안하였는데, 예술 기법은 회기 초기에 사용될 수 있으며, 이야기하고 싶은 것, 근황, 변화시키고 싶은 것 등을 그림으로 그려보게 하는 것이라고 하였다. 모래상자 기법은 목표 설정이나 치료적 관계 형성을 돕는 도구로 활용될 수 있는데, 아동에게 상자를 제시하고 치료 모형을 사용하여 자신의 세계를 만들게 한 후 이 세계가 조금 더 좋아지기 위해 변해야 할 것이나 조금 달라지기 위해 아동이 무엇을 할 수 있는지에 대해 이야기를 나누는 것이다. 마지막으로 퍼펫을 사용하는 것은 자신의 문제를 언어화하는 데 어려움이 있는 아동기 특성을 보완하는 데 매우 유용한 방법으로 해결중심적 대화를 나누는 과정에 활용될 수 있다.

이러한 놀이치료 기법들은 특정 단계에서만 사용되는 것이 아니라 해결중심상담 과정 전반에서 해결중심의 원리와 철학을 전달하기 위해 활용될 수 있다. 이 방식은 해결중심상담의 언어적인 질문 기법이 아동의 발달단계에 적합한 놀이치료의 기법으로 대체된 것으로 해결중심상담에 놀이치료의 기법을 통합하려 한 시도다(김태은, 2009). 이 외에도 유·아동과 청소년 그리고 그에 따르는 대상자와 함께 작업하기 위해 놀이치료, 미술치료, 독서치료 등이 해결중심상담과 통합 시도되었다.

하지만 아동을 위한 다양한 연구에 활용되는 모습에서 볼 수 있듯, 자료와 활동은 해결중심상담의 주된 질문기법을 사용하면서 질문의 이해를 돕기 위해 활용되는 경우가 대부분이다. 손인형을 이용한 이야기 나누기, 그리기, 쌓기, 카드놀이 등의 예처럼 도구의 활용은 주로 앉아서 이루어지는 편이다 보니, 아동들이 좋아하는 뛰고 달리고 움직이는 활동은 적은 편이다. 아동이 보이는 다양한 움직임과 비언어적인 표현을 관찰하고 그에 대한 의미를 확인하는 작업은 잘 이루어지지 않는 면이 있다.

아동이 겪는 학교부적응 완화를 위해서는 부모의 문제가 있는 양육방식의 변화를 고려하여야 하고, 학생 교육과 지도를 위해 교사들의 협력적인 노력이 중요하다. 특히 초등학생을 위한 학교부적응 예방은 가족 환경을 중심으로 한 부모교육, 부모상담, 가족상담 등이 주가 되어야 한다(심의보, 2015)는 연구도 있다. 그렇지만 아동의 학교생활을 다룬 해결중심접근의 국내 연구들은 가족에 대한 개입 대신 주로 집단프로그램을 통해 아동에게 개입하며, 학교부적응 아동 지원을 위해 가족상담을 한 연구는 많지 않다. 해결중심접근을 토대로 한 가족상담의 국내 연구는 이혼가정 청소년의 가족, ADHD를 가진 학령기 아동 가족, 문제행동을 하는 아동 가족과 청소년 가족 등을 대상으로 진행되었으며, 가족상담의 효과를 보고하고 있다.

이혼가정 청소년 자녀와 부모의 세 가지 사례를 대상으로 한 김윤경과 이다미(2011)의 연구는 해결중심 질문기법을 통해 자녀와 부모의 문제중심적 시각을 해결중심적 시각으로 전환함으로써 과거와 문제보다는 미래와 문제 해결에 초점을 맞출 수 있었다고 보고하였다. 또 상대방에 대한 불만이나 문제점보다는 긍정적 변화에 초점을 맞추게 됨으로써 부모-자녀 간 의사소통이 개선되었음을 밝혔다. 이춘희(2017)는 해결중심상담 모델을 세 가족에게 적용한 연구를 통해 해결중심 모델은 ADHD를 가진 아동의 충동성과 과잉행동을 완화하고, 상호작용을 활성화하는 데 긍정적 영향을 주며, 가족의 상호작용패턴과 가족관계의 긍정적 변화에 영향을 미친다는 점을 확인하였다. 거짓말을 하거나 부모의 돈을 몰래 가져가는 행동을 하는 청소년과 부모한 가족을 대상으로 해결중심 가족상담을 시행한 이다미(2014)

는 연구 결과 청소년의 문제 행동이 변화되었으며, 자아존중감이 향상되고, 부모와 자녀 간의 의사소통에 변화가 나타나고, 가족체계에도 변화가 나타났음을 보고하였다. 김희정(2007)은 학업성적과 대인관계 문제, 가정 및 학교에서 문제행동을 보이는 아동의 가족 25세대에 대해 부모 및 다른 가족 구성원이 함께 참여하는 융합 가족치료를 시행하였는데, 연구 결과 해결중심 가족상담은 가족 전체는 물론 부모와 아동의 생활 전반에 걸친 안녕감과 기능에 긍정적인 변화를 가져온다는 것을 확인하였다.

외국의 경우 아동을 대상으로 한 개입과 학교에서 시행되는 해결중심상담이 다양한 행동 및 학업 문제에 적용되었는데, 해결중심상담은 특히, 학생들의 부정적인 감정을 누그러뜨리고, 행동문제를 관리하도록 하며, 행동문제가 나타나도록 만드는 학교 환경에서 위험에 처한 학생들을 지원하는 유용한 접근법임을 보여주었다.[22] Woods 등(2011)의 연구에서도 해결중심상담은 아동의 행동 및 학업 결과 개선에 효과가 있으며 해결중심상담이 개입된 이후 아동들의 공격성, 협력, 무단결석 같은 '외현화 행동 문제'와 아동들의 수줍음, 불안, 우울, 자존감, 자기효능감 같은 '내향적인' 문제가 개선되는 효과가 있는 것으로 나타났다.

---

22) Johnny S. Kim·Cynthia Franklin(2009), 『Solution-focused brief therapy in schools: A review of the outcome literature』, Children and Youth Services Review. 31(4), 464-470. A Meta-Analysis. Published online; 25(8). 187-201.

국내에서 해결중심접근으로 초등학교 아동을 대상으로 이루어진 연구들은 주로 아동의 사회적 유능감, 정서조절능력, 자아존중감, 대인관계 개선, 신체화 증상, 학교생활적응, 대인 불안, 사회성, 학습 동기, 학업적 자기효능감, 사회적지지 지각, 우울, 자아개념, 또래관계, 공격성, 자기효능감, 자기결정성, 스트레스 대처 행동 및 회복탄력성에 대한 변화를 보기 위해 개입하였고 그 효과를 보고하고 있다. 또한 이들 연구는 주로 집단프로그램의 형태로 시행된 경우가 다수를 차지한다. 아동의 학교생활적응을 다룬 해결중심접근의 국내 대부분의 연구 또한 집단을 구성한 뒤 프로그램을 통해 개입하는 집단의 방법으로 시행되었다.

해결중심 집단상담프로그램의 효과에 관해 메타분석한 박정임(2014)의 연구에 따르면, 해결중심 집단상담에서 종속변수로 가장 많이 사용된 자아존중감, 학교적응능력, 대인관계능력, 자기효능감이 모두 큰 효과크기를 나타내었다. 조절변수의 경우 자아존중감은 '총회기'가 늘어날수록 효과크기가 컸고, 학교적응력의 경우에는 '총회기'가 늘어나면 효과는 커졌지만 '1회기당 시간'이 늘어날수록 효과크기가 줄어들었다.

Ⅱ

심리
운동

01

심리운동의 정의

키파드(E.J.Kiphard)에 의해 독일에서 시작된 심리운동(Psy-chomotorik)은 1997년 한국에 소개된 이후 발달재활서비스 영역을 중심으로 영아와 유아, 어린이와 청소년, 성인과 노인에 이르기까지 다양한 연령층을 대상으로 활발하게 서비스를 제공하고 있다.

'심리-운동'의 개념은 키파드에 의해 만들어진 것으로, 귀터슬로(Gütersloh)에 있는 소아청소년 정신과 병동에서 심리적으로도 효과 있는 운동 치료(bewegungstherapie)의 치료적 가능성을 인식하게 되는 것에서 시작되었다. 아동과 청소년의 기분, 감성 및 심리적 경험이 안에만 머무는 것이 아니라 그들의 움직임행동에서도 드러남을 관찰한 키파드는 이 양쪽 측면을 모두 나타내고자 '심리-운동'이란 개념을 선택했다(Zimmer, 2005). 키파드는 심리운동에 대해 아동들의 욕구를 존중하고, 아동들이 체험할 수 있는 활동 중심, 그리고 이를 통해 아동들의 인성이 발달할 수 있도록 의도되어야 한다고 보았다. 대신 아동들이 가진 욕구를 알아채지 못하고 간과하기 쉬운 '능력주의'와 '업적주의'로 심리운동이 흐르는 것을 경계했다. 심리운동이 단지 아동의 신체기능을 향상하거나 어떤 활동을 성취했다는 사실을 중요하게 여기지 않아야 한다고 생각했다. 또한 심리운동은 아동들의 단점이나 이상행동, 부족함만을 찾아내고, 그것에 초점을 맞추는 '결점지향'에서 벗어나야 한다고도 하였다. 심리운동이 이런 모습일 때 아동들은 경계심이나 경쟁심을 내려놓고, 있는 그대로의 자신들을 나타낸다고 보았기 때문이다. 또 아동들은 그 상황에서 자유롭게 놀이하고 강요받지 않은 모습의 행동을 보이며, 자신이 가지고 있는 그대로를 표현하면서 온전하게 발달할 수 있다고 보았기 때문이다. 또한, 그는 심리운동을 '전인적이고, 인본적이며, 발달에 적합하고, 아동에 적합한 운동교육'으로 규정함으로써 기존의 운동성에 대한 기능 역학적인 관점이 새로운 운동교육상으로 변화하는 계기를 마련하였다(Zimmer, 2005).

심리운동의 능력지향이론으로 대표되는 실링(F. Schilling, 1987)은 심리운동학을 인간의 움직임에 관한 학으로써 인간의 움직임을 인간의 행위 및 의사소통능력, 그 외 발달, 장애 그리고 치료의 근본적인 토대 중의 하나로서 이해한다. 예를 들어, 아동은 더 많은 것을 인식하고 더 많이 움직임으로써 점차 더 큰 행위의 전문적인 지식과 능력을 발달시킬 수 있다고 보았다. 심리운동은 움직임을 개인발달에 영향을 줄 수 있는 가장 중요한 매개체로 본다. 움직임이 장려되면서 발달환경 안에서 개인성이 촉진되고, 인간은 더욱더 자신에게 알맞게 대처하며, 자신의 환경에서 독립적으로 자기신뢰와 확신을 하고 행동할 수 있도록 도움을 준다고 본다. 움직임행동에는 항상 아동의 전체 인성이 관여되며, 모든 행동에는 인지적, 동기적, 감성적 측면이 포함되고, 이로써 움직임행동은 인간의 인지, 감성, 동기에 영향을 미친다고 보았다. 아동의 움직임을 체험, 생각, 느낌, 행동의 통일체로 보는 이해는 결국 이 인식분야 간에 상호관련성뿐만 아니라, 이들 분야가 상호작용을 하고 있다는 것을 의미한다(Zimmer, 2005).

정리하면, 심리운동(Psychomotorik)은 지각, 경험, 인지, 행동의 기능적 통합으로 이루어진 인간행동의 심리운동적 관계를 뜻하며, 몸의 움직임을 통해 교육과 치료를 지원하는 것을 말한다. 여기서 말하는 인간행동의 심리-운동적 관계란 인간이 경험하는 다양한 기분이나 감성 혹은 경험적 측면이 단지 심리적 상태로만 머물러 있는 것이 아니라 그들이 보이는 움직임행동과 연결된다는 의미로 이해하는 것이다. 즉, 심리와 행동 간에는 긴밀하고 유기적인 관계가 있음을 의미하며, 인간존재를 곧 '인간 몸'으로 보고, 움직이는 몸과 몸짓으로 의미가 획득된다고 보는데 신체적 움직임은 전체적인 인격의 표현이라고 이해할 수 있다는 것이다. 심리운동은 인간의 발달을 설명하는 특정 시각이다. 심리운동에서는 아동의 발달이 전인적으로 즉, 몸과 마음, 신체와 정신, 심리와 운동성이 함께 균형을 이루고 강화되도록 이루어져야 한다고 본다. 또한 모든 인간은 신체와 심리가 함께 작동되는 존재이며, 인간의 신체행동 즉 움직임이나 운동에는 심리과정 즉 정신과정이 관련되어 있다고 본다. 그래서 아동이 발달한다고 하는 것은 신체와 정신이 동시에 발달하는 것이다. 이런 이유로 심리운동은 아동이 전인적으로 발달하도록, 아동의 전체적 인성이 신체-정신 간의 균형을 이루도록, 그리고 강화되도록 돕기 위해 교육과 치료의 접경지역, 즉 심리운동이 목표로 하는 지점을 '운동성' 또는 '움직임행동'을 매개로 건드림으로써 예방, 보조, 치료한다. 왜냐면 심리운동에서는 움직임행동은 인간 자신을 전체적으로 표현하는 것, 인간의 전체 인성이 관여되는 것이라고 보기 때문이다. 심리운동이 목적으로 하는 것은 움직임 체험을 통한 건강한 인성 형성이다. 즉 자신의 능력에 대한 믿음을 강화하는 것이 목적이다. 이는 심리와 운동이 밀접하게 관련되어 있고, 함께 이루어지기 때문에, 움직임 체험을 통해 전인적인 발달과 건강한 인성을 형성하도록 하는 것이 가능하다고 가정함에서 이루어질 수 있는 일이다.

02

심리운동의 이론

1) 심리운동연습처치 이론

키파드가 일반 장애 아동은 물론, 행동장애, 발달장애 아동의 치료에 운동을 투입한 시도를 심리운동의 시작이라고 볼 수 있다. 키파드의 심리운동연습처치(PMÜ Behandlung)이론은 기능적인 관점에서 설명된다. 이 이론은 60, 70년대의 신경학적 설명 모델로 의학적, 생물학적인 관점에서 움직임을 설명한다. 즉 움직임은 신경적 과정의 산물이라고 이해하며, 발달 결손의 원인을 두뇌의 역기능에서 찾는다. 이런 관점에 근거하다 보니 이 모델에서는 인간을 자신의 발달에 이바지할 수 있는 존재라고 가정하지 않는다. 즉 심리운동연습처치 모델에서는 인간을 자신의 발달에 기여할 수 없는 수동적인 존재로 가정한다. 이 가정을 토대로 심리운동을 지원하는 목적은 인간이 가진 결함을 없앰으로써 대상의 신경적 과정을 정상화하는 것으로 삼으며, 기계적인 훈련을 통해 심리운동적 지원을 수행한다.

이러한 지원 과정에서 치료사와 대상의 역할은 평등하지 않다. 치료사는 대상에게 필요하고, 적절한 처치와 지원을 할 수 있는 전문가로 판단하며, 대상은 전문가로서의 치료사가 지원하는 방법을 따르는 역할을 한다. 치료사와 대상의 관계는 동등한 입장이 아니며, 그런 의미에서 둘 사이의 협력적인 관계는 이루어지지 않는다. 심리운동연습처치 모델에서는 심리운동적 지원을 위해 더 일방적인 의사소통이 이루어지는 경향이 있으며, 운동측정 검사방법을 통해 대상의 결함을 중심적으로 확인하는데, 이 진단의 목적은 대상을 분류하고 분리하기 위함이다.

심리운동연습처치에서 심리운동치료는 목적된 감각, 지각훈련과 움직임 훈련을 통하여 어린이를 그 외 전체적인 인격 내에서 지원하려는 데 목적이 있다. 이를 통해 적합한 태도를 조정함으로써 아동의 움직임, 흥미를 유용하게 이용하려고 한다(한국심리운동연구소, 2019). 즉 심리운동 지원의 주된 목적은 아동의 전인적 인성발달의 보조에 있으며, 개인의 수행능력 신장은 물론 사회적 과제를 해결할 수 있도록 돕는 것에 초점을 맞추고 있다(Kiphard, 1989). 심리운동 치료의 목적에서 알 수 있듯 키파드는 수행능력을 키우기 위해 세 분야 즉, 지각 분야, 움직임 분야, 감성적-사회적 분야에 대한 연습과제가 필요하다고 보았고, 이 분야에 대해 수많은 연습과제를 제시하고 있으며, 이를 통해 교사는 중점적 목표에 맞게 시간을 구성, 운영할 수 있다고 설명한다. 학습 분야에는 계열성이 없으며, 치료사는 매 시간 세 분야에서 모두 과제를 선택하되, 단지 시간마다 중점을 달리할 수도 있다고 보았다(Zimmer, 2005).

키파드는 심리운동연습처치에서 장애아동들이 보여주는 '특이한 움직임'을 '지각의 결핍'과 '움직임의 결핍'으로 해석하고, 무수한 놀이 같은 연습을 통하여 이러한 장애도 얼마든지 치료할 수 있다고 보았다. '연습처치'라는 이름이 말해주듯 심리운동연습처치는 교육과 치료적인 측면을 동시에 가지고 있는데, 이때의 연습은 교육의 의미이며 처치는 치료의 개념에 해당한다(한국심리운동연구소, 2019). 이 이론은 명확한 구조와 분명한 역할분담과 확고한 목표설정에 유용하게 활용할 수 있다. 또한, 방책, 목표, 그리고 성공에 대한 조정도 용이하다. 약점으로는 무엇보다도 연습적 성격과 계획적 성격을 들 수 있다(Kiphard, 1989).

키파드는 놀이를 통해 아동이 자신을 표현하거나 활동하게 함으로써 치료 수단으로 사용하였다. 아동에게 놀이는 절실하게 필요하므로 '놀기운동'이 매우 중요하다고 보았으며, 심리운동연습처치에서 구현하는 아이디어와 경험은 아동에게 매력적인 요소를 가진 게임 테마로 포장된다. 운동 요소는 심리운동연습처치의 필수 구성요소다. 심리운동연습처치에서는 아동이 탐험하고, 실험하고, 상상하며, 건설해 보거나 연기 및 체험해 볼 수 있는 가능성을 제공한다. 이 모델에서는 상대적으로 단순한 재료로 시작되는 초기 운동 세션은 작은 방에서 진행된다.

하지만 이는 체육관이나 트램펄린을 포함한 대형 재료로 전환해야 한다고 보았다.

키파드는 초기 운동을 네 가지 주요 그룹으로 나눈다(Fischer, 2009). 즉 심리운동연습처치의 주요 부분을 4개 부분으로 나누어 실행되어야 한다고 설명한다. 첫째는 감각-신체도식 연습을 하는 부분이다. 이를 위해 ① 시각적, 촉각적, 청각적 지각 운동(visuelle, taktile, akustische Wahrnehmungsübungen), ② 신체 지향 연습(Körperorientierungsübungen), ③ 공간 지향 연습(Raumorientierungsübungen)이 이루어져야 한다고 보았다. 키파드는 근원적이고 사물의 핵심에 이르는 것을 필수적인 교육적 임무로 보고, 어린이들은 조용한 관찰과 자기 흡수에 익숙하지 않기 때문에 그들을 압박하지 않을 것을 추천한다. 둘째는 신중함과 자기 통제 연습이 이루어져야 한다고 보았다. 키파드는 이것을 아이들에게 필요한 부분으로 보고 몇 주 동안 다른 운동 초점을 세우고 체계적으로 변화시킬 것을 추천한다. 키파드는 신중함과 자기통제 연습은 ① 충돌을 피하면서 그룹 내 쌍으로 하는 운동(민첩성의 연습-Gewandtheitsübungen), ② 등반 및 점프 연습(Trampoline jumping 포함), ③ 운동 연습 (목표 균형 연습, 만지기 운동), ④ 반응 중지 (stop-and-go 게임, 음향 및 시각 신호에 대한 반응 재생), ⑤ 자기통제 운동 (이완, 고행자, 마술 게임), 균형 운동, 브레이크 놀이, ⑥ 공통성에 대한 적응 훈련 (쌍으로, 집단, 물질 운송, 조립 라인 게임에서), ⑦ 기술 훈련 (건물, 저글링, 손과 발 기술 게임), ⑧ 동시 연습 (동시에 두 개 이상의 운동에 대처), 총 8개의 범주로 나누어 시행해야 한다고 보았다. 셋째, 리듬-음악적 연습이 이루어져야 한다고 보았다. 리듬-음악적 연습에서는 리듬감각과 음악적 청력이 아이와 함께 훈련되어야 하는데, 이들은 자기 발견과 내부 질서의 형성을 담당하기 때문이다. 따라서 아동의 자기 활동, 발명 및 즉흥 연주가 중요한 역할을 한다. 시간이 지남에 따라 키파드는 시간에 대한 감정을 키우려고 한다. 리듬-음악적 연습은 ① 리듬과 역동적인 연습(rhythmische und dynamische Bewegungsübungen), ② 음악 청력 훈련용 연습(Übungen zur Schulung des musikalischen Gehörs), ③ 음악을 듣고 음악으로 옮기는 연습 (Übungen zum Musikhören und Bewegen nach Musik)으로 나뉜다. 넷째, 발명 및 제시 연습이다. ① 독창적인 자기 활동(erfinderische Selbsttätigkeit), ② 즉흥연주 및 발표(Improvisation und Darstellung), ③ 동물 게임(Tierspiele), ④ 일상 판토마임(Tätigkeitspantomimen), ⑤ 아이들의 일상생활에 대한 표현(Darstellungen aus dem kindlichen Lebensalltag), ⑥ 모방표현연습(mimische Ausdrucksübungen)이 여기에 속하며, 키파드는 이전에 명명된 운동을 심화하는 데 있어 아동이 스스로 수행하고, 즉흥적이고 창의적으로 발명하도록 격려하며 일련의 연습을 마친다고 설명한다.[23]

심리운동연습처치의 교수방법 원리를 살펴보면 개별연습의 경우 아동은 지시를 따르고, 특정 움직임에 대한 과제가 주어지는 듯한 인상을 받는다. 그러나 키파드는 심리운동 지원 방법

---

23) 한국심리운동연구소(2019), 『심리운동 기본과정』, 전북: 한국심리운동연구소.

에서 아동의 자발성, 창의성, 자기조절 등을 교수 방법적 원칙으로 제시하고 있다. 키파드는 '기능훈련'은 아동에게 부적합하고 심리운동의 전인적 사상에 적합하지 않다고 보았다(Zimmer, 2005).

2) 능력지향이론

능력지향이론은 실링에 의해 대표되는 관점으로써, 인간의 정체성과 이론의 실제 적용에 그 중점을 둔다(Schilling 1996). 능력지향적 관점은 키파드의 심리운동연습처치(PMÜ)를 계승 발전시킨 이론으로, 키파드는 심리운동연습처치를 통해 움직임의 특이함과 움직임의 장애를 정상 아동과 비교하여 지각의 결핍과 움직임의 결핍으로 해석하였다. 그는 무수한 놀이 같은 연습을 통하여 이러한 장애가 치료될 수 있다고 보았다(한국심리운동연구소, 2019). 반면 실링은 특히 영아기, 뇌성마비로 인한 운동성장애 아동들과의 작업을 통해 움직임 장애의 결과로 문제행동이 발생한다고 보았고, 아동의 인성발달에 지각과 운동발달이 중요함을 인식했다. 실링은 행동상에 나타나는 문제들이 결국 움직임 장애 및 주변 세계의 요구에 대한 아동의 적응능력 부족의 결과라고 해석한다(Zimmer, 2005). 실링(1987)은 심리운동학을 인간의 움직임에 관한 학으로 정의하며 인간의 행위, 의사소통능력, 그 외 발달, 장애 그리고 치료의 근본적인 토대 중의 하나로 인간의 움직임을 이해한다. 이는 '행위의 전문지식 능력'을 토대로 삼았다고 표현되며, 그렇기에 어린이가 더 많은 인식 도안과 움직임 도안을 발달시킬수록 더 큰 행위의 전문지식 능력을 획득하게 된다고 해석한다. 실링은 아동이 자발적으로 행동하도록 지원하기 위해 흥미롭고 구조화된 움직임 과제를 제공하기를 바란다. 아동이 가진 약점이 아니라 장점이 드러나고 강화되도록, 그리고 아동이 흥미를 느끼도록 하는 것이 중요하며, 아동에게 적합한 차별화된 움직임 과제를 제공함으로써 아동이 성공하는 경험, 성취의 느낌을 맛보도록 해야 한다고 보았다. 즉 아동이 생각하기에 자기 스스로 과제를 해낼 수 있다고 보는 지점에서 아동을 위한 지원이 시작되어야 한다고 보았다. 실링의 능력지향이론에서 움직임은 한편으로는 구성능력으로, 또 한편으로는 행위능력의 중요한 요소로 이해되며, 환경에 대한 적응과 움직임 도안의 보편화를 위하여 학습 과정 안에서 어린이의 인지가 재구성되어야만 한다고 보았다. 이런 맥락에서 움직임과 인지가 행위 능력의 가장 중요한 토대 역할을 담당하게 된다는 것이다(김윤태, 2009).

심리운동이 지향하는 인간상은 심리운동의 이론과 관점에 따라 상이하다. 실링은 인간을 발달에 함께 영향을 미칠 수 있는 적극적인 존재이자 변화 가능한 존재로 가정하였으며 심리운동을 지원하는 목적은 행위 경험의 축적으로 보는데, 이는 행위 경험을 전달하고 문제와 직면하는 방법을 통해 가능하다고 보았다. 인간에게 있어 발달결손의 원인은 환경적 혹은 개별적으로 조건화된 부족한 움직임과 지각의 경험에서 비롯된다고 보았으며, 움직임은 구조화하는 행위로 보았다.

실링은 능력지향이론을 통해 움직임의 진단을 중요시하며, 이를 토대로 인간의 행동능력 확장에 도움을 주고자 한다. 그는 이론의 실제 적용을 위해 무엇보다도 세밀하고 정확한 진단과 진단 방식이 전제되어야 한다고 말한다. 진단 형식은 다차원적이어야 하며 무엇보다도 기능적인 측면 뿐만 아니라 시간 혹은 발달능력이 전제되어야 한다고 주장한다. 치료 내에서 일어나는 변화의 과정들은 지속되는 처치를 위한 단서를 얻기 위하여서 심리운동 진단을 계속해서 동반하는데, 이는 계획된 목표를 달성하게 하거나 이것을 변화하는데 작용을 한다(Schilling, 2002: 한국심리운동연구소, 2019). 심리운동의 관찰진단에서 중요하게 여겨야 할 부분은 크게 두 가지로, 교육적인 측면에서 아동이 할 수 있는 능력을 관찰하는 것과 아이가 하고 있는 것을 관찰하는 것이다. 이는 아이가 어떤 것을 할 수 있는지, 할 수 있는 능력이 있는 것이 어떤 것인지 관찰하는 진단이 이루어져야 함을 이르는 것이며, 아이가 무엇을 하고 싶어 하는지 아동의 심리를 파악하는 것을 가리킨다. 여기서 중요한 점은 아이가 잘하는 점을 보려고 한다는 것, 이를 위해 아이가 하지 못하는 점이나 잘 못 하는 점에 굳이 집중하지 않는 능력을 길러야 한다는 것이다. 또한, 아이가 어떻게 할 수 있는지, 어떻게 잘하는지 주의를 기울일 것을 요청한다는 것이다. 진단은 교육과 치료에 목적을 두기 때문에 아동의 장애나 행동특성 파악보다는 치료교육 방향과 지원계획의 수립을 위한 진단이어야 한다고 가정한다.

3) 이해이론

이해이론에서는 심리운동을 통해 인간이 움직임, 태도, 놀이 주체와 이야기하는 동안 그 안에 자신을 스스로 나타낸다고 본다. 그렇기에 그 안의 인간은 분석되는 것이 아니고 이해되어야 한다고 가정한다. 이 견해에 따르면 움직임은 단순히 매개가 아닌 인간의 움직임이며, 인간은 움직임 속에서 움직임과 더불어 살아가는 존재로 설명된다(Seewald, 1997: 한국심리운동연구소 2019).

제발트(J. Seewald)의 이해이론에서는 인간을 삶의 의미를 찾으며 정체성을 추구하는 동시에, 변화 가능한 존재로 가정한다. 인간의 움직임은 의미를 상징한다고 보며, 아동기 초기의 경험이 발달 결손의 원인이 된다고 본다. 그러므로 아동의 상징적 표현 가능성을 위한 움직임의 공간을 마련하고, 갈등중심, 체험중심, 알아내는 것 등의 방법을 통해 심리운동 지원이 가능하다고 보았다. 이러한 지원을 통해 대상자를 이해하고, 대상자가 하는 행위의 의미를 파악하는 것을 심리운동 지원의 목적으로 설정하였다.

이해이론의 중심에는 의미와 이해가 놓여있다. 이는 움직임을 이해하는 것에 대한 문제이며 어떻게 인간이 움직임 속에서 그리고 움직임을 통하여 자신을 표현하는가, 움직임과 더불어 무엇을 하는가, 어떻게 이것을 그의 의미 내에서 이해할 수 있는가, 어떻게 움직임이 다양한 삶의 연령 안에서 장려하는 매개체로 영향을 끼치는가로 요약되는 문제(김윤태, 2005)를 다룬다.

제발트는 이해이론을 통해 인간을 단지 자연의 산물이 아니고 의미의 생산자로 파악한다. 여기에서 나타나는 인간상은 의미를 찾고 그 의미의 이해를 인간의 중심에 놓는다는 것이다. 인간은 의미와 함께 살아간다. 어린이에게서는 이것이 확연히 나타나지 않는다. 명백한 의미를 주는 기관들에서 약하게 결핍되어 있고 다른 한편으로는 의미 있는 삶의 다양한 대안들에 대한 선택의 폭이 너무나 넓기 때문이다(한국심리운동연구소, 2019). 의미는 단지 적극적으로 만들어 내는 것뿐만 아니라 소극적으로 받아들이는 측면도 갖고 있다. 여기에 상응하여 의미의 발생도 소극적, 적극적 두 측면이 있다. 그러므로 사람들은 의미를 연구하여야 할 뿐 아니라, 의미가 스스로 이야기를 하도록 여지를 주어야 한다. 이런 의미 찾기의 적극적, 소극적 두 측면은 이해를 통하여 이루어지므로 의미는 이해를 통하여 창조된다고 볼 수 있다(김윤태 외, 2005).

이해이론에서 보는 심리운동은 인간의 몸과 움직임에 대해 넓고 깊은 통찰을 제공한다. 이야기와 그림 그리고 놀이 속에서 개인적인 이야기가 쓰인다고 본다. 몸의 이야기는 어린아이에게서 볼 수 있듯 첫 번째의 이야기다. 어린아이는 필연적으로 육체적으로 자신의 이야기를 살아간다. 실제적인 것과 가능한 것 사이의 놀이적인 의미를 갖고 이야기를 말하는 어떤 것으로

채워진다. 심리운동학은(Motologie) 이러한 이야기가 발생할 수 있는 장소가 되는데, 이런 이야기는 흔히 신체와 움직임을 그 출발점으로 삼기 때문이다. 또한, 인간은 의미 찾기를 위해 다른 인간을 필요로 한다. 인간은 자기 자신이며 다른 그 누구도 아니다. 모든 사람은 개별적인 존재다. 하지만 의미를 찾기 위해서는 다른 인간이 필요하다. 분리를 느끼며 동시에 소속을 느낄 수 있는 능력은 인간의 발달에 있어 근본적인 부분이다. 인간의 기억 속에 내려앉은 이 절차들의 기억 흔적은 놀이 속에서 이야기를 연출하도록 하는 소재를 제공한다. 제발트의 이해적 관점은 아동의 행동에 관한 일방적인 해석의 위험성에서 벗어나 그 대상-방법론-상호관계에 대한 자기성찰이 필요하다. 이해 이론은 실제 작업에서 관찰한 점들을 언급할 때, 특히 아이들이 동작과 몸짓, 태도, 놀이 주제와 이야기 등에서 자신들을 표현하게 되는데, 심리운동사들은 관찰한 이것이 무엇을 의미하는지 그 이론을 통해 알 수 있다(김윤태 외, 2005)고 보았다.

제발트의 이해적 관점은 심리운동사가 실링의 능력지향적 관점으로 인해 가지는 이론과 중재 방법의 취약점을 보완해 준다. 심리운동학(Motologie)에서 제발트의 이해적 입장은 새로운 가능성을 열어주었다. 어린이의 행동과 신체표현에 대한 폭넓은 이해를 기반으로, 움직임이나 다른 창조적인 매체들을 통해 나타나는 비언어적이고 상징적인 대화를 이해하는 것이 가능해진 것이다(김윤태 외, 2005).

이해이론의 관점에서 이해는 몇 가지 특성을 가지는데, 이를 정리하면 다음과 같다. 첫째, 이해는 부분에서 전체 그리고 전체에서 부분 사이에서 일어나는 상호작용이다. 둘째, 이해하기 위해서는 항상 열려 있다는 점을 알 필요가 있다. 이는 종결지을 수가 없고 더 확대된 이해를 통해 늘 교류될 수 있다는 것이다. 셋째, 이해는 적극적인 면과 소극적인 양면이 있다. 넷째, 이해는 조각 맞추기로부터 그림을 맞추려고 시도하는 것과 같다. 다섯째, 흔히 이해는 한 상황에 대한 거리를 두고 생겨난다고 본다. 여섯째, 자기 이해와 타인 이해는 다른 사람의 이해에 대한 한계를 설정한다. 자기 이해는 이해의 제2의 측면을 구성한다. 일곱째, 완전한 이해는 불가능하다. 숨겨진 부분은 타인의 자유와 자유로움으로 본다. 여덟째, 인간이 이해 속에서 다른 사람의 정수를 느낄 수 있는 드문 순간들이 있으며, 이는 예상할 수 없는 선물이다. 아홉째, 이해하기 위해서는 상대편에 대한 이해적인 기본 태도를 갖는 것이 중요하며, 마지막으로 이해는 꼭 해석이나 설명으로 귀착하지 않는다. 그것은 행동에 대한 제안이나 혹은 단순한 동반으로 귀결되는 경우가 많다. (Seewald, 2001: 한국심리운동연구소 2019).

이해에 관한 그리고 이해를 위한 이론과 자기성찰을 통하여 우리는 인간을 좀 더 잘 이해할 수 있다. 이해는 여러 방식으로 이루어진다. 먼저 들 수 있는 것은 해석학적인 이해다. 이것은 어린이가 무엇을 말하고 행하는가에 관한 것으로 직접적인 의미의 이해를 위해서 도움을 준다. 현상학적인 이해는 간접적인 의미, 즉 어린이가 어떻게 행하는가, 어떠한 징후가 있으며 어떻게 신체를 통해 표현하는가가 이해의 대상이 된다. 마지막으로 심층해석학적인 이해가 있다. 이것은 꼬이고 잠겨 숨어버린, 겉으로 나타나는 행동에 내재된 무의미의 이해를 위해 사용된다. 예를 들면 주의를 끌기 위한 과잉행동처럼 어린이가 사랑과 이해를 구하기 위해서 끊임없이 노력하지만 늘 거부를 당하는 경우다. 어린이가 이 목적을 달성하기 위해 그의 행동이나 활동을 늘 반대로 표현하기 때문이다(한국심리운동연구소, 2019).

4) 시스템이론

시스템이론에서는 의미현상으로서의 움직임을 설명한다. 심리치료와 교육학에서 시스템이론과 구성주의에 기초한 새로운 시각이 도출되기 시작하였으며(Balgo, 1996), 심리운동에도 수용되기 시작했다. 이 이론의 출발점은 하나의 객관적 현실이란 없다는 생각, 개개인은 모두 자기 나름의 현실을 구성한다는 것이다. 시스템적 사고 역시 연관성, 관계, 그물망, 상호작용 등에 주목하지만 구성주의 관점에서 볼 때 '운동성 장애'라는 개념 역시 실재로 존재하는 장애를 지칭하는 개념이 될 수 없으며, 결국 관찰자가 만들어 놓은 구분일 뿐이라는 사고다. 즉 우리는 항상 자신이 어떻게 관찰하는지를 관찰해야 하며, 어떻게 지각하는지를 지각해야 한다. 그래야만 우리 자신이 만들어 낸 구성물과 관여하게 됨을 인식할 수 있기 때문이다. 시스템이론 주

창자들(Klaes/Walthes, Balgo)은 운동성 장애에 대한 어른들의 시각을 역으로 환원하며, 운동성에 문제가 있는 것이 아니라 운동성을 이해하는 어른들의 시각에 문제가 있음을 시사한다. 시스템이론 이론은 앞에서 언급된 다른 이론들처럼 하나의 독립된 실천방법론은 아니다(Balgo, 1998, Zimmer, 2005) 그러나 시스템적 관점하에 이론들은 통합될 수 있으며, 이로써 문제 상황에 맞게 적절한 접근방식이 선별될 수 있으리라 본다.

시스템이론은 Balgo의 체계이론적-구조주의적 심리운동을 근거로 한다. 이 이론에서는 인간의 움직임을 하나의 체계라는 의미로 이해한다. 발달 결손의 원인은 체계의 맥락에 따른다고 보며, 인간은 자극을 받아들이고 행동하는 적극적인 존재로 보고 변화의 가능성을 가정한다. 심리운동적 지원의 목적은 해당 아동의 잠재력과 발달을 자극하는 것이며, 이를 위해 문제가 발생한 다양한 맥락에 개입하고, 다양한 방법과 모델의 콘셉트를 찾음으로써 심리운동적 지원을 한다. 시스템이론에서의 치료사는 치료 대상과 동등하다고 보며, 대등한 입장에서 서로 협력의 과정을 거쳐 치료과정이 이루어진다고 본다. 진단을 위해 대화는 양방향으로 이루어지며, 개별화된 관찰과 기술, 대상과 대상이 놓인 환경에 대한 분석이 이루어지며, 대상에 대한 깊은 개입을 통해 이루어진다고 보았다. 그리고 진단의 목적은 개별화에 있다고 설명한다. 시스템이론은 문제가 일어난 다양한 맥락을 고려한다는 점에서 가족치료와 결합하여 활용할 수 있는 여지가 있다. 시스템이론에서 말하는 심리운동적 지원의 목적이 해당 아동의 잠재력과 발달을 자극하는 것이며, 이를 위해 그 문제가 발생한 다양한 맥락에 개입하고 다양한 방법을 통해 이를 지원하는 것이기 때문이다. 이런 이유로 가족치료와 같이 아동이 속한 환경 내에서 어떤 곳, 어떤 관계 즉, 어떤 맥락에서 문제가 발생하고 어떻게 해결할 수 있을지 그 맥락 안에서 다양한 방법으로 찾는 것은 유용한 지원 방법이라 할 수 있다.

심리운동의 이론들은 각각의 이론이나 컨셉이 심리운동 현장에서 정확히 구분되어 쓰이는 것이 아니라는 점을 유의할 필요가 있다. 논의된 이론 중 어떤 것도 이론적 독점성을 주장할 수 없으며, 이론들 제각기 중요한 관점을 간과하기도 하며, 이론적으로 겹치는 부분도 드러나고, 또 현장에서는 이론들이 서로 보완해가며 적용될 수도 있다. 이론들에는 상이한 강조점이 있는데, 특히 운동성 장애, 운동성 이상, 이상행동 등의 발생이나 그 의미 등에 대해 서로 상이한 시각을 보인다. 치료사들이 하나의 이론에만 매달리거나 각각의 이론을 차별화해가며 일할 수는 없다. 그러나 여러 가지 이론에 대한 이해와 지식은 결국 치료사 자신이 어떤 이론적 바탕 하에 심리운동을 하는지 명확히 해주리라 본다. 치료사가 자신의 실천에 대한 이론적 바탕을 명확히 의식함으로써 아동의 문제행동이 자신의 현장에서 어떻게 해석되는지 알게 된다. 아동의 행동이나 표현방식에 개방적인 자세와 태도로 일하는 것은 아동 이해 시 매너리즘에 빠진 사고방식이나 가치판단 체제를 극복하는 데 없어서는 안 될 중요한 자세다(Zimmer, 2005).

03

심리운동의 내용

    심리운동은 지원 대상이 자신의 발달과제를 완수하는 데 필요한 능력을 갖추도록 하기 위해 몇 가지 주요 내용으로 구성되어 있다. 심리운동의 주요 내용은 세 부분으로 구성되어 있는데, 자신과 자기 신체를 지각·체험·이해하고, 자기 신체를 조정하는 신체경험, 물질적인 환경을 지각하고, 환경에 대한 정보를 체험·이해·처리하며, 환경 안에서 환경과 함께 잘 적응하는 능력인 물질경험, 사회적 환경을 지각·체험·이해하며, 사회 안에서 그 사회와 함께 잘 적응하는 능력인 사회경험이 그것이다. 그러나 이러한 세 가지 신체경험, 물질경험, 사회경험은 정확하게 구분하기는 어려우며 한 가지 활동에 다른 영역들이 모두 포함될 수도 있다(조혜경, 2000). 심리운동의 주요 내용을 살펴보면 다음과 같다.

1) 신체경험

   신체경험은 자신의 신체에 대한 지각이고 체험이다. 감각적
경험, 신체자각 그리고 신체적으로 표현할 수 있다는 가능성
을 경험하는 것은 자아의 인식능력을 형성시킨다. 신체경험이
란 자신의 신체를 통해 사회적 발달과정과 개인적 발달과정에
서 얻어진 모든 능력의 총체다. 이러한 능력은 감정적일 수 있
는 동시에 인식적일 수 있고, 무의식적일 수 있는 동시에 의식
적일 수도 있다. 신체경험에 관한 주제들은 지각, 공간지향, 지
식, 공간상황, 섬세한 운동, 환경으로 구성되어 있는데, 개별적
인 감각경로를 통해 자신의 신체를 지각하고, 공간과 관련하여
자신의 신체를 지각하며, 자신의 신체 부위를 알게 되고 이름을
붙이기, 여러 위치와 자세 속에서 신체를 경험하기, 손과 발의
작은 공간적 움직임을 경험하기, 물과 자연 안에서 자신을 경험
하기 같은 다양한 내용으로 구성된다(한국심리운동연구소; 2019).
아이의 신체는 그의 성격의 중심이며, 그의 존재의 핵심이다.
행동에는 항상 신체적 활동이 수반된다. 움직임을 통해 아이는
자신의 몸을 알고, 다루고, 사용하며 환경에 영향을 주는 것을
배운다. 자신의 몸에 대한 방향은 공간에서 모든 방향의 기초
다. 동시에 신체는 정신의 경험을 반영한다. 아이는 자신의 몸
을 통해 건강 상태를 경험하고 자신의 감정과 필요를 표현한다
(Fischer, 2009). 신체경험은 자아경험이라고도 하며 신체 지각과
체험, 감각경험, 신체인식, 신체적 표현 가능성 경험 등 일상생

활에서의 활동을 통해 자신의 신체를 인지하고 신체기능을 경험하는 것으로 움직임과 지각활동을 통하여 신체상과 신체 도식을 형성한다. 또한, 자신의 신체를 조절하고 체험한 것을 기억하고 학습하는 과정을 통하여 일어나는 사고, 감정, 의지, 욕구를 자각하고 그것을 효율적인 움직임으로 표현한다. 신체를 움직이는 것은 다양한 움직임 표본을 익히게 되어 문제 상황에 직면했을 때 자신에 대한 긍정적인 자아상을 갖고 해결하게 한다. 이러한 신체경험에서 아동은 자신의 감정과 느낌, 욕구를 자연스럽게 표현하면서 신체조절, 신체표현, 신체인식을 하게 되고 자신의 몸이 지닌 가능성을 인식하게 된다(조은경, 2013).

2) 물질경험

심리운동에서 경험하는 물질은 개인을 둘러싼 물리적 환경과 실체를 의미한다. 인간은 태내에서부터 피부를 통해 물리적 실체를 경험한다. 물질경험이란 인간이 물질적인 세계를 인식하고, 그 세계에 대한 정보를 경험하는 것으로, 물질경험을 통해 인간은 물질적인 세계를 이해하고 자신을 발견하게 된다. 인간은 외부환경과 소통하는 모든 관계에서 움직임을 통해 살아가는 세상에 대한 정보와 특성을 인식하게 된다. 특히 이러한 정보와 특성은 물리적 대상에 대한 지각을 통해 경험되고 체득된다. 이렇게 체득된 다양한 경험은 통합되어 물질에 대한 이해를 확장한다(한국심리운동연구소, 2019). 물질경험의 학습 영역은 공간적, 객관적 환경의 인지-감정적 발달에 초점을 맞춘다. 아이들이 재료를 사용하는 것은 지식 습득의 매개체가 된다. 다양한 물체를 가지고 놀면서, 아이는 물질 환경의 특성과 법에 대한 정보를 얻는다. 그것은 전문지식과 행동 능력을 확장한다. 아동 능력의 촉진을 위해 중요한 것은 아이들의 자율성과 창의적 놀이를 자극하는 자료다. 숲, 초원, 물, 눈 등의 자연은 풍부한 경험을 제공한다(Fischer, 2009). 경험의 중심에는 움직임이 있다. 움직임을 통해 공간과 물질에 적응하고 살아가는 법을 배우게 된다. 이러한 과정에서 물질은 신체경험과 사회경험을 지원한다. 인간은 물질을 통해 자신의 신체를 인식하고 조절하고 대처하는 방법을 배우게 되는 것이다. 인간은 물질적인 세계와 더불어 지내면서 물질의 특성을 경험하게 된다. 심리운동에서의 물질경험은 물리적 현상에 대한 경험을 강조한다. 다양한 모습의 행동 조건들하에서의 움직임 즉 흔들림, 평형, 공간, 시간에서의 행동들 예를 들어 균형유지, 회전하기, 던지기, 부딪히기, 받기, 미끄럼타기, 시소타기, 그네타기 같은 행동들과 관련된 물질경험의 의미는 무엇보다도 아동의 인지 발달의 기초를 이룬다. 아동의 자연적인 탐색, 시험, 실험하는 태도는 인간의 전체발달을 위한 의미 있는 경험으로 이해된다. 이러한 아동의 탐색, 시험, 실험하는 기능은 움직임을 통해 실현된다. 아동은 움직임을 통해 주위 환경과 그곳에 있는 대상과 적절하게 교류한다. 이 과정을 통해 아동은 자신과 물적 환경과의 차이점을 이해하고, 아울러 상호 간에 서로 작용하는 자연법칙을 인식하는 경험을 갖게 된다(한국심리운동연구소, 2019).

3) 사회경험

사회경험은 타인에게 적응하고, 긴장 상태에서 자신과 타인의 심리에 따라 행동하며, 타협하고, 갈등을 해소하고, 타인과 의사소통하며, 화해하고 수용하며, 관계를 형성하는 경험을 하는 것을 말한다. 그리고 이를 통해 사회적인 환경을 지각하고, 정보들을 체험과 이성에 맞게 가공하고, 그것에 따라 행동할 수 있는 사회적인 환경을 기르고자 하는 것이다(한국심리운동연구소, 2019). 심리운동에서의 사회경험은 다양한 주제들을 가진다. 이 주제들을 통하여 사회적인 환경을 인식하고 경험하게 되고, 사회 안에서 서로를 이해하며 받아들이는 법을 배우게 된다. 이러한 주제들이 모여 사회적인 환경 안에서 함께 살아가는 능력을 배우는 것이다. 사회경험에서 다루는 주제들은 사회적 지각, 경쟁, 의사소통, 관계수용, 관계발달, 규칙수용, 역할교체, 다른 사람과 함께 공동으로 어떤 일을 행하고 다른 사람을 고려하는 틀 속에서 독자적인 나를 만들어가는 협응 능력이 있으며 마지막으로 다른 사람에 대한 신뢰를 발전시키고 친근감과 거리감에 대한 요구를 인식하게 되는 사회적 민감성 등이 있다. 짐머(Zimmer, 2005)는 사회적 경험이란 다른 사람과 움직임 안에서 그리고 움직임에 관해서 의사소통하는 것이고, 역할놀이와 규칙놀이를 함께 하는 것이며, 스스로 정해놓은 또는 상황에 맞춰 설정된 놀이의 규칙을 다루는 것이며, 함께 때로는 서로 맞서서 놀이하는 것이라고 말한다. 사람은 타인과 접촉을 통해 의사소통하고 자신을 표현하는 법을 배운다. 적절한 상황에서, 아이들은 부모와 협력하고, 배려하고, 책임을 지고, 공감을 표시하고, 또한 자신을 주장하는 것을 배운다(Fischer, 2009).

이상 살펴본 바와 같이 심리운동은 신체 지각 및 움직임과 감성적·사회적 학습영역을 포함한 활동을 통해 무의식적이고 자발적인 신체와 물질, 사회경험을 통하여 수행능력을 향상하는 것을 목적으로 한다. 이는 아동 자신이 집단 활동에서 없어서는 안 될 중요한 구성원임을 체험하며, 긍정적인 자아개념을 형성하고, 자신이 영향력을 행사하는 경험을 가능하게 하는 '체험 위주의 움직임 과제'를 주요 내용으로 다룬다(Zimmer, 2005).

04

아동과 심리운동

독일에서 발달한 심리운동은 아동이 재미있고 흥미로운 상황을 경험토록 하고, 호기심과 자발성, 동기를 불러일으킬 수 있는 매력적인 요소를 갖추고 있기 때문에, 아동을 지원하기 위한 적합한 방법이다. 심리운동은 그 시작부터가 아동과 관련되어 있다. 앞에서 언급했듯 사람은 타인과 접촉을 통해 의사소통하고 자신을 표현하는 법을 배운다. 적절한 상황에서, 아이들은 부모와 협력하고, 배려하고, 책임을 지고, 공감을 표시하고, 또한 자신을 주장하는 것을 배운다(Fischer, 2009). 이의 연장선에서 키파드는 아동을 지원하기 위해서는 '능력주의', '업적주의', '결점지향'이 아니라 아동의 '체험중심' 및 '개인 인성중심'으로 나아가도록 의도해야 한다고 보았다. 아동의 체험과 개인의 인성중심으로 지원이 이루어질 때 아동은 자유롭게 놀이식으로, 강요받지 않고 행동하며 스스로 표현하고, 온전히 발달할 수 있다고 본 점에서 심리운동은 아동에게 매우 적합한 지원 방법임을 알 수 있다.

심리운동은 움직임을 개인발달에 영향을 줄 수 있는 가장 중요한 매개체로 본다. 움직임행동에는 항상 아동의 전체 인성이 관여되며, 움직임행동은 인간의 인지, 감성, 동기에 영향을 미친다고 본 실링의 관점 역시 아동을 위한 지원 방법으로서 심리운동의 중요성과 적합성을 보여준다. 신체움직임 활동의 다양함은 언어적인 의사소통의 한계를 극복하고 새로운 의사소통의 통로로 작용한다. 심리운동에서는 체험 위주의 움직임 과제가 주요 내용으로 구성되는데, 이는 아동이 체험 위주의 움직임 과제가 이루어지는 집단 활동을 하는 동안 자신이 그 집단에서 꼭 있어야 할 중요한 존재라는 점을 알게 되고, 이를 통해 긍정적인 자아개념을 획득하게 되며, 자신이 영향력을 행사할 수 있는 사람이라는 것을 경험하는 것이 중요하다는 것을 의미한다. 또한, 심리운동 시간은 다양한 활동 상황에서 스스로의 생각을 계획하고 실현하며 행동할 기회를 보장하고, 자유로운 선택과 결정에 따른 책임을 지도록 기회를 줌으로써, 아동이 자신이 가진 영향력에 대해 신뢰할 수 있도록 지원한다. 그리고 자신에게 주어진 환경 안에서 아동은 자신의 신체와 움직임을 조절해 보는 자기 통제를 경험함으로써 자신에 대한 긍정적인 평가를 할 수 있게 된다. 이처럼 심리운동은 아동의 자아존중감을 높이고 자신에 대한 평가를 긍정적으로 내릴 수 있도록 환경을 스스로 구성하고 자신에게 적용해볼 수 있는 다양한 활동과 체험 위주의 내용을 제공하는데, 그렇게 함으로써 아동들에게 자신의 문제 역시 해결 가능하다는 신념을 갖도록 지원할 수 있다.

능력지향이론으로 대표되는 실링(1987)은 움직임을 개인발달에 영향을 줄 수 있는 가장 중요한 매개체로 보는데, 움직임이 장려되면서 발달환경 안에서 개인성이 촉진되고, 인간은 더욱더 자신에게 알맞게 대처하며, 자신의 환경에서 독립적으로 자기 신뢰와 확신을 하고 행동할 수 있도록 도움을 준다고 본다. 아동이 움직임 행동을 한다는 것에는 항상 아동의 전체 인성이 관여되어 있으며, 모든 행동에는 생각, 의도와 동기 그리고 감정적인 측면이 포함되므로, 움직임 행동은 인간의 인지와 감성 및 동기에 영향을 미친다고 보았다. 이처럼 아동의 움직임이 체험, 생각, 느낌, 행동의 통일체와 같다고 보는 것은 이들 분야가 상호 관련되어 있을 뿐 아니라 상호작용하고 있다는 것을 의미한다고 보는 것이다. 키파드와 실링의 관점으로 볼 때 심리운동은 발달 특성상 움직임이 많은 아동에게 적합한 지원 방법이다. 실링의 능력지향이론의 관점으로 보면 움직임은 구성능력으로 또 한편으로는 행위능력의 중요한 요소이며 이를 위해서는 학습 과정 안에서 어린이의 인지가 재구성되어야 한다(김윤태, 2009). 그러므로 심리운동에서는 아동에게 과제를 제공할 때는 흥미롭고도 구조화된 움직임 과제를 통해야 하고, 여기에 아동이 자발적으로 참여하도록 지원하여야 한다. 또한 아동에게 주어지는 과제는 아동의 약점이 드러나지 않도록, 장점과 흥미를 고려한 차별된 움직임 과제로 구성해 심리운동 활동을 통해 아동이 성공과 성취 경험을 극대화하도록 제공되어야 한다.

심리운동은 신체 지각 및 움직임과 감성적·사회적 학습영역을 포함한 활동을 통해 무의식적이고 자발적인 신체와 물질, 사회경험을 통하여 수행능력을 향상하는 것을 목적으로 한다. 심리운동은 신체경험, 물질경험, 사회경험을 주요 내용으로, 대상이 자신의 발달과제를 완수하는 데 필요한 능력을 지원한다.

심리운동 활동은 아동의 발달과 성장 지원에 적합한 내용으로 구성되어 있다. 예를 들어 심리운동의 내용 중 사회경험은 다양한 주제를 가진다. 이 주제를 통하여 아동은 사회적인 환경을 인식하고 경험하게 된다(Zimmer, 2009). 또한, 사회 안에서 서로를 이해하며 받아들이는 법을 배우게 된다. 사회경험에서 다루는 주제들은 매우 다양하다. 사회적 지각, 경쟁, 의사소통, 관계수용, 관계발달, 규칙수용, 역할교체, 다른 사람과 함께 공동으로 어떤 일을 행하고 다른 사람을 고려하는 틀 속에서 독자적인 나를 만들어가는 협응 능력이 있으며 마지막으로 다른 사람에 대한 신뢰를 발전시키고 친근감과 거리감에 대한 요구를 인식하게 되는 사회적 민감성 등이 있다. 이러한 주제는 가정과 학교에서 사회를 경험하기 시작하는 아동들이 체득해야 할 중요하며 필요한 주제들이다. 사회적 경험이란 다른 사람과 움직임 안에서 그리고 움직임에 관해서 의사소통하는 것이고, 역할놀이와 규칙놀이를 함께 하는 것이며, 스스로 정해놓은 또는 상황에 맞춰 설정된 놀이의 규칙을 다루는 것이며, 함께 때로는 서로 맞서서 놀이하는 것이다(Zimmer, 2005).

인간은 주어진 환경과의 적응과정을 통해 사회 환경과 사회에 부응하는 행동양식을 습득한다. 인간은 물질적, 사회적 환경에 종속되어 다른 사람과의 관계를 통해 자신만의 특별한 경험, 행동능력 및 정체성을 형성하는 사회화 과정을 거친다(Zimmer, 2009). 심리운동의 내용 중 사회경험은 타인에게 적응하고, 긴장 상태에서 자신과 타인의 심리에 따라 행동하며, 타협하고, 갈등을 해소하고, 타인과 의사소통하고, 화해하고, 수용하며, 관계를 형성하도록 지원한다. 그리고 이를 통해 개인에게 사회적인 환경을 지각하고, 정보들을 체험과 이성에 맞게 가공하고, 그것에 따라 행동할 수 있는 사회능력을 갖추도록 지원하는 것을 목표로 한다. 그리고 이 과정에서 가족은 중요한 역할을 하게 된다(한국심리운동연구소, 2019; Zimmer, 2009). 발고(1996)는 시스템-환경 이론을 통해 지각과 움직임은 '존재' 하는 것으로 따로 분리될 수 없으며 결합하는 것이라고 보았다. 이는 지각, 사고, 의식 같은 인지적인 기능들은 신경계의 현상이 아니라 상호작용 영역 특히, 사회영역에서의 현상이라(Balgo, 1998)고 보는 것이다. 시스템이론의 관점에서 보면 아동은 가족, 학교, 지역사회 등 크고 작은 체계 안에서 살아가며, 그 속의 아동은 가족이나 학교체계 속의 구성원들과 상호작용하고, 그들과의 연관성으로부터 비롯된 다양한 요소에 의해 영향을 받는다. 이렇듯 체계로서의 가족은 아동의 삶의 질과 모습에 중요하며, 많은 영향을 미치기 때문에 인간으로서의 아동을 이해하고 아동이 속한 체계 속에서 건강하게 성장하고 발달할 수 있도록 체계 안에서 발생하는 다양한 문제와 어려움을 해결하도록 도울 필요가 있다.

제발트의 이해이론 관점에서 보면 인간은 심리운동 활동 과정에서 움직임, 태도, 놀이주제와 이야기 안에서 자신을 나타내며, 이러한 인간은 분석되는 것이 아니고 이해되어야 한다고 파악한다. 심리운동학(Motologie)은 이러한 이야기가 발생할 수 있는 장소가 되는데, 이야기와 그림 그리고 놀이 속에서 개인적인 이야기가 쓰이며, 이런 이야기는 흔히 신체와 움직임을 그 출발점으로 삼기 때문이다(김윤태 외, 2005). 인간의 움직임은 의미를 상징하며 아동기 초기의 경험이 발달 결손의 원인이 될 수 있다. 그러므로 아동의 상징적 표현 가능성을 위한 움직임의 공간을 마련하고, 갈등중심, 체험중심, 알아내는 것 등의 방법을 통해 지원하는 심리운동(한국심리운동연구소, 2019)은 아동의 발달 특성에 적합하다. 심리운동에서 방해 행동은 아동이 자신의 문제를 표현하는 하나의 방법이자, 주변 세계에 대한 아동의 호소이며, 유기체의 움직임은 자체 움직임으로써 또한 의도된 것으로 보아야 한다(김윤태, 2009)고 본다. 이는 설사 부적응 행동을 보이는 아동이 있더라도 그 역시 자신의 행동을 통해 자기의 의도를 관철하고 의사를 표명하며 원하는 바를 적극적으로 추구한다는 것으로 해석할 수 있다.

05

아동 관련 심리운동 연구

   심리운동은 1997년 한국에 소개된 이후 주로 발달재활 영역을 중심으로 서비스가 이루어져 왔으며 현재는 점차 영역을 확대해 영아와 유아, 어린이와 청소년, 성인과 노인에 이르기까지 다양한 연령층을 대상으로 활발하게 서비스를 제공하고 있다. 국내 심리운동 연구의 대상을 살펴보면 주로 유아, 초·중등을 대상으로, 특히 장애영역 분야에 집중된 모습을 보인다(문장원, 정병종, 2017).

   일반 아동을 대상으로 한 국내 심리운동 관련 연구는 부적응 초등학생, ADHD 아동, 공격성향 아동, 지역센터 아동, 인터넷 중독 아동 등이 있다. 그리고 사례연구(김윤태 외, 2005) 등 몇 연구를 제외하면 주로 심리운동은 집단을 대상으로, 프로그램의 형태로 제공된 후 참여 대상 아동의 변화를 분석하는 방법을 보인다.

이처럼 심리운동과 관련한 연구들이 다루는 대상은 부적응 초등학생, ADHD 아동, 공격성향이 있는 아동, 인터넷 중독 아동으로 연구자들이 심리운동을 통해 개입하고자 했던 아동은 학교생활의 어려움을 겪는 아동이었다. 이들 아동을 대상으로 심리운동을 통한 개입과 지원이 이루어지고, 심리운동 프로그램 개입 결과 집단에 참여한 아동이 호소하는 다양한 어려움이 줄어드는 효과가 있었다는 연구 결과는, 심리운동이 아동에게 지원되기 적합하다는 것을 보여준다. 아동을 대상으로 시행된 위 연구들은 심리운동을 통해 다양한 아동의 어려움을 개선하고자 하였는데, 연구자들은 프로그램 지원을 통해 아동의 문제행동 개선, 사회기술 향상, 운동 협응성, 부적응 행동, 공격성, 감각조절력, 정서인식, 자존감, 스트레스 수준, 사회적 자기효능감, 신체적 자아개념 등의 변화를 꾀하고자 하였다. 연구를 통해 심리운동은 공격성향 아동의 협력, 자기주장, 자기통제의 사회적 기술과 공격성을 감소하는 데 효과적(마주리, 2015)이며, 지역아동센터 아동의 자아존중감을 향상(마주리, 2014)시키고, 인터넷 중독 아동의 주의력 결핍 행동과 공격성 감소에 긍정적 효과를 나타내고 집중력을 향상하는 것으로(이민진, 2012) 나타났다. 또 사회경험을 강화한 심리운동은 초등학생의 사회적 기술 즉 대인관계, 자기조절, 협동성, 공감에 긍정적인 영향을 미쳤다(정은비, 2018). 심리운동에 참여한 학령전기 아동의 자아개념과 사회성 발달은 유의하게 변하였고, 프로그램 적용 후 실험군의 공격성 점수가 대조군보다 감소한(최영실, 이은자, 2008) 것으로 확인되었다. 또 심리운동놀이치료 프로그램은 아동의 학교생활 및 또래관계 스트레스 수준을 감소시키고, 사회적 자기효능감을 증가(한유진, 2011)시키는 것으로 나타났다.

일반 아동에게 심리운동을 적용한 많은 연구는 ADHD 아동을 연구 대상으로 하였다. 김춘경과 유지영(2010)은 ADHD 아동을 대상으로 문제행동 개선과 사회기술 향상을 위한 심리운동놀이치료 프로그램을 개발한 후 ADHD 특성을 가진 초등학생 11명을 대상으로 효과를 검증한 결과, 심리운동놀이치료 프로그램은 ADHD 아동의 문제행동을 유의미하게 감소시켰고, 사회기술도 유의미하게 향상시킨 것으로 나타났다. 또 이서영(2011)은 키파드 모델이 ADHD 아동의 신체적 자아개념에 미치는 영향을 알아보았는데, 그 결과 ADHD 아동 세 유형 모두에게서 신체적 자아개념의 향상이 확인되었고, 주의력 결핍 유형 ADHD 아동의 경우에는 지구력, 과잉행동 ADHD 아동과 충동성 유형의 ADHD 아동의 경우에는 스포츠 유능감이 향상된 것으로 나타났다. 또한, 복합형 유형의 ADHD 아동의 경우에는 규칙적 운동과 외모가 향상을 보이는 것으로 확인되었다. 그리고 심리적 중재에 따라 신체적 자아개념 이외에도 학교생활 태도에서 개선을 보였으며, 학급 담임교사의 인식도 긍정적으로 변한 것으로 나타났다. 송호준(2012)은 자기진술을 활용한 심리운동 중재가 주의력결핍 과잉행동 아동의 부적응 행동에 미치는 효과를 알아보았는데, 연구 결과 자기진술을 활용한 심리운동 중재는 ADHD 아동의 부적응 행동 감소에 효과적이라는 것이 확인되었다. 정수경과 이숙정(2011) 역시 연구를 통해 심리운동은 ADHD 성향으로 선별된 아동의 주의력을 개선하는 효과가 있음을 보고하였다. 김일명(2015)은 심리운동이 심리와 운동 간의 상호영향을 이용한 교육적·치료적 개념으로 그 실효성이 입증되고 있다고 보았다. 운동 발달적 측면에서 놀이와 운동을 매개로 하는 심리운동은 아동의 사회, 정서, 신체의 통합적이고 전체적인 발달의 근간을 신체를 이용한 움직임에 두고 있어서 자연스러운 놀이 활동을 통해 운동발달이 이루어진다고 보았으며, 사회정서적인 측면에서도 심리운동을 통해 대상자가 자신의 행동을 통제하고 조절하는 능력이 생긴다고 하였다. 마주리(2004)는 심리운동을 통한 치료는 아동의 움직임에서 심리상태를 파악하고, 신체적 움직임을 통한 긍정적인 경험을 통해 심리적인 문제를 해결하도록 돕는 심리치료의 한 방법이며, 운동은 아동의 신체발달뿐만 아니라 인지, 사회, 정서, 언어 발달에 영향을 미쳐 아동의 전인적 발달을 돕는 중요한 활동(마주리, 2004)이라고 보았다. 이처럼 심리운동에 관한 국내 연구들은 아동이 겪는 다양한 어려움에 개입하고 아동을 지원하는 방법으로 활용되고 있으며, 아동들이 겪는 어려움을 개선하는 효과가 있는 것으로 확인되었다.

Ⅲ

해결중심
심리운동가족상담 모델

해결중심 심리운동가족상담 모델은 해결중심접근을 토대로 상담 과정에 심리운동이 가진 여러 특성을 활용한 가족상담 방법이다. 해결중심접근의 철학과 원리를 근거로, 의뢰된 내담자가 문제를 해결하도록 도우며, 그 과정에서 해결책 구축에 도움이 되는 심리운동적 요소를 활용한다. 가족상담 과정에서 활용되는 심리운동은 내담자가 원하는 해결책을 탐색하도록 하며, 심리운동 시간의 상호작용은 상담 참여자들이 도달하기 바라는 미래의 모습을 현장에서 구체화해볼 수 있도록 지원한다. 해결중심 심리운동가족상담 모델은 해결중심접근에 기초한 해결 지향적 질문 이외에 신체경험, 물질경험, 사회경험을 포함하는 다양한 심리운동 활동과 특성을 사용한다. 다음에 해결중심 심리운동가족상담 모델의 목표와 상담 과정, 상담기법 및 상담자의 역할에 대해 기술하였다.

01

해결중심 심리운동가족상담의 목표

해결중심 심리운동가족상담은 참여한 내담자가 설정한 상담 목표에 도달하도록 돕는 것을 궁극적인 목표로 한다. 사례별로 상담에 의뢰된 내담자가 해결하기 원하는 목표는 다르다. 그러나 상담자와 내담자가 상담목표 달성을 위해 해결책을 구축하는 과정에서 다음과 같은 구체적인 목표가 달성되도록 하는 것은 다르지 않다.

첫째, 해결을 위한 실마리를 찾기 위해 열린 진단에 초점을 둔다. 해결중심 심리운동가족상담은 문제의 원인을 잘 알아야 그 문제를 해결할 수 있다고 보지 않는다. 그러므로 문제의 원인을 찾고 이를 확대하기보다는 상담 진행 과정에서 열린 관찰 24)을 통해 내담자가 바라는 목표를 향해 갈 수 있는 작은 실마

---

24) 상담자가 내담자에게 어떤 편견이나 선입견 없이 있는 그 자체로 바라봄

리를 발견하는 데 집중한다.

둘째, 심리운동 활동 과정을 통해 문제 되지 않았던 예외를 발견하고, 이를 확장한다. 심리운동이 시행되는 동안 내담자가 보이는 문제에 가려져 미처 주목되지 않은 예외를 발견하고, 내담자에게서 이를 점차 확대하며, 심리운동 활동 과정에서 예외가 확장되도록 한다. 상담 과정에서 발견된 예외, 즉 문제가 되지 않는 상황을 내담자에게 인식시키고 문제가 되지 않을 때의 생각, 행동, 태도 등을 내담자가 스스로 알아채도록 안내함으로써 심리운동 활동 과정과 일상에서 예외상황이 반복적으로 발생할 수 있도록 돕는다. 이 과정을 통해 내담자의 문제행동은 감소하고 바라는 목표 행동은 증가한다.

셋째, 심리운동 활동 과정에서 내담자의 숨은 자원을 발견하고 문제 해결에 이를 활용한다. 문제를 가진 내담자라고 하더라도 다양한 면이 있다. 심리운동 활동을 하는 동안 내담자의 문제와 단점보다는 내담자가 가진 강점과 힘을 발견해 이를 문제를 해결하기 위한 자원으로 활용할 수 있다. 그러므로 내담자가 미처 깨닫지 못한 자신의 강점을 해결중심 심리운동가족상담 과정에서 발견하도록 돕고, 문제 해결을 위한 힘이자 주요 자원으로 긍정적으로 활용할 수 있도록 이를 확장한다. 그리고 그러한 예외적 상황이 일상화되도록 돕는다.

넷째, 심리운동 활동 과정에서 내담자가 바라던 목표 행동이 나타나는지 관찰한다. 심리운동 활동을 하는 동안 내담자가 해결하기 원하는 문제가 해결되었거나 바라는 목표가 이미 달성된 상황이 내담자에게 있는지 자세히 관찰한다. 심리운동 활동 중에 비슷한 사항이 발견될 경우, 이를 목표 행동과 관련시키고 어떻게 그 일이 일어날 수 있었는지 구체적으로 확대한 후, 신체적 움직임과 놀이 등으로 표현하도록 한다.

다섯째, 심리운동 과정에서 목표를 향한 작은 시작을 내담자가 행동으로 표현할 수 있도록 한다. 심리운동을 통해 내담자가 바라는 목표를 달성하기 위해 현실적으로 성취 가능한 목표를 구현할 수 있도록 안내한다. 원하던 목표에 이르기 위해서는 시작하는 것이 중요하다. 이를 위해 내담자가 한 단계씩 목표를 향해 나아가도록 심리운동 과정에서 내담자의 상황에서 성취 가능한 구체적인 것을 단계적으로 실행하도록 안내한다. 내담자가 가족관계에서 문제를 가진 경우라면 활동과정을 통해 서먹하고 소원한 관계를 점차 극복하고 더 자연스럽게 접촉할 수 있도록 신체적, 물리적 거리감 등을 단계적으로 좁혀갈 수 있도록 활용한 후 가정에서 시도해 보도록 연계한다.

여섯째, 심리운동가족상담을 통해 목표를 향해 가는 일은 쉽지 않음을 인식하도록 돕는다. 원하는 목표 행동에 도달하기까지는 노력이 필요하며, 목표가 성취되기까지 많은 시간과 수고, 좌절을 극복하는 용기가 수반되어야 함을 심리운동 활동 과정에서 깨닫도록 돕는다.

일곱째, 심리운동 과정에서 내담자들이 문제보다 해결의 상황에 초점을 맞추도록 학습기회를 제공한다. 심리운동 활동 과정을 통해 문제에 대한 해결중심접근의 관점을 반복적으로 경험함으로써 같은 문제라도 다르게 볼 수 있고 해석할 수 있으며 다른 이름을 붙일 수 있다는 것을 배우도록 안내한다. 만약 내담자가 아동과 부모라면, 이들 참가자가 심리운동을 활용한 상담을 하는 가정에서 미처 인식하지 못했던 아동이나 부모 즉, 가족 구성원의 다양한 측면을 긍정적으로 해석할 수 있도록 돕는다. 또 심리운동을 통해 내담자들이 가족원 앞에서 자신의 장점이 드러나도록 기회를 제공하며, 이를 통해 자신에 대한 자랑스러움을 느끼고, 활동 상황에서 변화의 주도권이 자신에게 있음을 자각하도록 돕는다.

02

해결중심 심리운동가족상담
모델에서의 상담 과정

이미 언급했듯, 해결중심접근은 언어적인 기법을 주로 사용하는 대화 중심 치료의 특징이 있고, 이는 놀이 등 비언어적인 수단을 통해 의사소통하는 아동의 발달적 특성을 충족하는 데한계가 있다고 지적(Nims, 2007; Selekman, 1997)된 바 있다. 이런부분을 넘어서기 위해 연구자들은 다양한 도구나 놀이 등을 질문의 보조 도구로 활용한다. 그러나 상담에 활용되는 대부분의자료는 치료사가 상담 과정 중에 하는 질문을 아동이 이해할 수있도록 돕기 위해 사용되는 경우가 많다. 그리고 활발한 움직임과 활동을 좋아하는 아동의 발달적 특징을 고려한 점은 간단한 게임이나 놀이 과정에서 제시되는 동작에 그치는 정도로 보인다. 이런 점에서 해결중심접근의 한계를 보완하고, 특히 움직이기 좋아하는 아동의 발달적 특성을 충족시키고 아동의 자발적 참여와 동기 유발이 가능하며, 아동이 상담 과정에서 보이는 다양한 비언어적인 표현을 관찰하고 그 의미의 확인이 가능한 방법의 시도는 의미 있는 일이다. 이런 점에서 심리운동(Psychomotorik)은 해결중심접근을 보완해 아동과 작업할 수 있게 해주는 적합한 접근방법이다. 재미있고 흥미로운 상황 경험, 호기심과 자발성, 동기를 불러일으킬 수 있는 매력적인 요소를 갖춘 심리운동이 학교부적응 아동을 지원하기 위한 해결중심접근에 활용될 경우 대화 위주의 특징을 보완할 수 있는 효과적인 방법이다.

해결중심 심리운동가족상담 모델은 다양한 상담 장면에 응용할 수 있다. 모델의 명칭에서 언급되듯 가족상담 장면에서는 물론이려니와 개인상담이나 집단상담에서도 창의적으로 활용할 수 있다. 또한, 해결중심 심리운동가족상담 모델은 다양한 대상과의 상담에서 활용 가능하며, 상담이 이루어지는 다양한 환경 즉, 다양한 상담 기관, 사설 상담센터, 학교 등에서도 활용될 수 있다. 해결중심 심리운동가족상담 모델이 어떤 환경에서 시행되느냐에 따라 상담자와 기관의 실무자 혹은 종사자는 협력의 관계를 유지하게 되는데, 이러한 협력은 내담자들이 결정한 상담목표의 달성을 돕기 위한 것이다. 일반적으로 해결중심접근에서는 내담자와 상담자의 협력을 상담의 중요한 원리로 여기는데, 이 모델에서는 해결중심접근방법의 철학적 토대 위에 협력의 범위를 좀 더 확장한다. 해결중심 심리운동가족상담 모델에서는 내담자와 상담자와의 협력에 덧붙여, 상담이 시행되는 환경 속의 주요 조력자들과의 협력적 관계를 중요시하고, 내담자의 변화를 돕기 위한 실제적인 절차로써 상담 과정의 회기 안에 '지원단 협력과 자문' 시간을 배정하여 운영한다.

여기에서는 초등학교를 중심으로 해결중심 심리운동가족상담이 시행되는 과정을 설명하고자 한다. 그러므로 두 번에 걸쳐 시행되는 '지원단 자문 및 협력' 회기에는 학교에서 상담 아동의 변화를 도와줄 수 있는, 아동에게 중요한 교사들 즉 담임교사, 학교상담교사, 학교사회복지사, 보건교사, 학교관리자 등이 참여한다. 그러나 이 모델이 시행되는 상담환경이 학교 밖 기관이라면 '지원단 자문 및 협력' 회기에는 그 기관에서 내담자를 가장 지지하고 지원해 줄 수 있는 구성원들이 참여할 수 있다. 하지만 지원단의 구성은 개방적으로 이루어져야 한다는 것을 기억할 필요가 있다. 학교 안이든 학교 밖이든, 이 상담 모델이 시행되는 환경에서 지원단에 참여하는 사람을 굳이 상담 기관 내에 국한할 필요가 없다. 내담자에게 중요한 관계에 있거나 영향을 미칠 수 있는 사람으로서 내담자를 도울 수 있다면, 지위나 관계에 제한을 두기보다 지원단 일부로 참여해 내담자의 변화를 도울 수 있도록 하면 된다.

다음은 해결중심 심리운동가족상담 모델을 초등학교를 기반으로 시행하는 과정이다. 초등학교는 아동을 돕기 위해 아동의 가족에 대한 지원이 필요하다고 판단할 수 있고, 이를 위해 아동의 부모가 포함된 가족상담을 받도록 결정해 외부전문가에게 의뢰할 수 있는데, 이 모델은 그럴 경우 외부 가족상담전문가가 학교 기관의 관련자들과 함께 일하는 방법을 보여준다. 그러므로 일반적인 가족상담사들이 학교라는 환경에서 아동을 지원하기 위해 가족상담을 시행하는 경우, 이 모델의 방식을 참고할 수 있을 것이다. 그리고 이 모델은 외부상담전문가가 학교와 일하는 방식 외에도 해당 교육지원청 소속의 다양한 상담환경에서 응용할 수 있다. 특히 Wee 스쿨, Wee 클래스 등에 종사하는 상담사들이 아동을 지원하는 방법으로써 가족상담에 능숙하지 않더라도 해결중심 심리운동가족상담 모델을 활용할 수 있다. 쉽지는 않겠지만, 이 모델이 설명하는 상담의 과정을 참고한다면 아동과 아동의 가족을 만나고 아동의 문제 해결을 도울 수 있을 것이다. 그뿐만 아니라 지역사회의 다양한 기관이 아동을 돕기 위해 학교와 협력해야 하는 경우에도 이 모델에서 제시한 협력 과정과 방향성을 참고할 수 있을 것이다.

해결중심 심리운동가족상담 모델에서의 상담 과정은 사전준비 및 관계 형성 단계, 상담목표 설정단계, 해결책 탐색 및 실행단계, 종결단계, 총 4단계를 거치며 진행되는데, 〈표 Ⅲ-1〉과 [그림 Ⅲ-1]에 이 모델의 상담 과정을 제시하였다. 표에서 확인할 수 있고 이미 언급했듯이, 상담 과정 중 해결책 탐색 및 실행단계에는 지원단 자문 시간이 2회 포함된다. 이는 아동을 지원하기 위해서는 아동에게 중요한 타인들의 도움과 지지가 필요하며 이들의 도움과 협력이 중요하기 때문이다. 해결중심 심리운동가족상담 모델에서 각 회기 상담 시간은 90분이며, 매 회기 90분은 과제 및 변화 확인을 위한 도입부 20분, 심리운동 활동 활용 상담 50분의 전개, 정리시간 20분으로 구성된다.

또한, 해결중심 심리운동가족상담 모델에서 각 상담 단계에 따라 심리운동을 어떻게 활용할 수 있는지 그 활용 방법을 〈표 Ⅲ-2〉에 제시하였다. 그리고 해결중심 심리운동가족상담 모델에서 각 상담의 단계는 어떤 내용으로 구성되는지 상담 단계별 시행 내용을 〈표 Ⅲ-3〉에 제시하였다. 이 모델에서 상담은 제시한 바와 같이 일반적으로 주요 단계를 따라 진행되지만, 각 상담 단계에 따라 적용하는 심리운동 활동은 내담자들이 당면 문제를 해결하는 데 도움을 줄 수 있는 내용으로 선정하는 것이 바람직하다. 제시된 심리운동 활동은 어디까지나 예시이므로, 내담자가 해결하고자 하는 문제, 상담이 시행되는 장소 등 상담 환경에 따라 심리운동사는 활동을 내담자에게 맞도록 적합하게 변경하여 시행해야 한다. 이를 위해 심리운동 내용은 전문적인 심리운동 활동집 등을 참고하면 좋을 것이다. 또한, 이 모델에서의 상담 시간은 90분인데, 이는 내담자들의 상황과 상담이 시행되는 기관 등의 환경에 따라서 조정 가능한 부분이다. 내담자의 나이나 호소하는 문제의 종류 등에 따라 회기를 늘리는 대신 시간을 줄일 수 있는데, 이는 내담자의 변화를 도울 수 있는 범위 내에서 상담자가 융통성 있게 조절하는 등 창의적으로 활용할 수 있다.

⟨표 Ⅲ-1⟩ 해결중심 심리운동가족상담 모델의 상담 단계

상담 단계	진행 횟수	상담 회기[25]
사전준비 및 관계 형성 단계	1회	1회기
목표설정 단계	1회	2회기
해결책 탐색 및 실행단계	가족상담 5회	3회기
		5회기
		6회기
		7회기
		9회기
	지원단 자문 및 협력[26] 2회	4회기
		8회기
종결단계	종결상담 1회	10회기
	추후상담 1회	11회기

---

25) 상담 회기는 예시임. 상담 사례에 따라 축소되거나 늘어날 수 있으며 내담자가 원하는 경우 상담이 종결되는 경우도 있어 가변적임

26) 시행되는 환경에서 가능한 지원단을 구성하고 회기를 결정할 수 있음. 학교를 기반으로 이 모델이 적용되는 경우, 전문상담교사, 담임, 학교사회복지사, 보건교사, 교감 등이 아동을 위한 지원단으로서 전문가와 협력해 아동의 가족상담을 돕는 역할을 할 수 있음

[그림 III-1] 해결중심 심리운동가족상담 모델의 단계별 진행 과정

사전준비 및 관계 형성 단계

관찰과 열린 진단을 통한 문제, 자원 및 예외상황 탐색 → 사례 개념화
→ 상담 구조화

목표설정 단계

관찰과 열린 진단을 통한 예외상황 탐색, 심리운동을 통한 자원 탐색,
상담목표 설정

해결책 탐색 및 실행단계

가족상담　　　변화확인(과제 확인) → 해결책 탐색 1(예외 탐색) → 심리운동 활동
　　　　　　　활용 상담 → 해결책 탐색 2(심리운동을 통한 자원 탐색, 관계 파악,
　　　　　　　예외 탐색, 변화 발견) → 휴식 → 메시지전달

자문 및 협력　　　　확인 → 자문 및 협력 → 휴식 → 메시지 전달

종결단계

변화의 확인과 강화(종결 회기: 관찰을 통한 변화 발견) → 종결 이슈 다루기 →
변화의 유지와 강화(추후 회기: 관찰을 통한 변화 발견)

<표 Ⅲ-2> 해결중심 심리운동가족상담 단계별 심리운동 활용 방법

상담 단계	진행 횟수	상담 단계별 심리운동 활용 방법[27]	상담 회기
사전준비 및 관계 형성	1회	[관찰과 열린 진단을 통한 문제 및 자원 탐색] [관찰과 열린 진단을 통한 예외 상황 탐색]	1회기
목표 설정	1회	[심리운동을 통한 자원 탐색] [관찰과 열린 진단을 통한 예외상황 탐색]	2회기
해결책 탐색 및 실행	가족상담 5회	[심리운동을 통한 자원 탐색] [심리운동을 통한 관계 파악] [심리운동을 통한 예외상황 탐색] [심리운동을 통한 변화 발견]	3회기 5회기 6회기 7회기 9회기
	지원단 자문 및 협력 2회	[심리운동을 통한 예외상황 탐색] [심리운동을 통한 변화 발견]	4회기 8회기
종결	종결상담 1회	[관찰을 통한 변화 발견]	10회기
	추후상담 1회	[관찰을 통한 변화 발견]	11회기

---

27) 상담단계에 따라 7가지 방법으로 심리운동이 활용. 관찰과 열린 진단을 통한 문제 및 자원 탐색, 예외 탐색, 심리운동을 통한 자원 탐색, 관계 파악, 예외 탐색, 변화 발견, 관찰을 통한 변화 발견, 총 일곱 가지 방법으로 상담 과정에서 심리운동이 활용됨. 그리고 심리운동 활동은 내담자의 변화를 불러일으키는 데 도움을 줄 수 있도록 적합한 내용과 활동으로 구성되어야 함

상담 과정	주요 활동 [심리운동 활용]	해결중심 심리운동가족상담 모델의 단계별 시행 내용
사전 준비 및 관계 형성 단계 (1회기)	문제 파악 및 자원 탐색 [관찰과 열린 진단을 통한 문제 및 자원 탐색] [관찰과 열린 진단을 통한 예외 탐색]	* 상담자[29)]는 업무담당자[30)], 내담자[31)]로부터 문제를 파악하고 문제 해결을 위해 필요한 활용 가능한 자원 및 예외적 상황에 대한 열린 탐색 시행 - 상담의뢰자[32)] 및 내담자와의 사전 면담을 통해 문제 및 상담[33)]에 대한 기대와 욕구 파악 및 상담 소개 - 업무담당자와 면담을 통해 아동의 상황파악 및 진행과정 협의, 자원 탐색 - 내담자와의 면담을 통해 아동, 가족, 부모 등과 관련한 문제 파악 및 자원 탐색 - 내담자의 가족관계 양상, 양육 태도, 의사소통 방식, 감정 조절 등에 대한 관찰 및 열린 진단 시행 - 상담에 대한 기대와 욕구 파악, 예외 상황 탐색 및 상담에 대한 의견 수렴 * 사전검사 시행(필요 시) * 상담자와 내담자 간 신뢰감 형성
	사례 개념화	* 상담자는 내담자의 문제 해결을 위해 해결중심접근의 철학에 기초하고 심리운동에 기반한 상담 방안을 정의함 - 교사 및 내담자와의 면담, 관찰진단을 통해 파악된 아동 관련 문제에 대해 해결중심 심리운동가족상담 개입 방안 마련
	상담 구조화	* 상담자는 자신을 소개하는 것을 비롯해 상담 기간, 시간, 장소를 포함해 해결중심 심리운동가족상담 안내 - 유의사항, 한 회기 상담시간의 구조, 진행과정 안내 - 상담진행 방식에 대한 설명(상담 초반 도입 20분 동안 내담자의 부모와 상담, 상담 중반 50분 전개 시간 동안 아동이 합류하여 가족이 함께하는 심리운동 활동 시행, 상담 후반 정리 활동으로 20분 동안 부모와 아동이 참여하는 상담 진행 방식 설명)

---

28) 예시 상담 포맷은 전문상담교사가 있는 초등학교에서 학교부적응 아동을 지원하기 위해 외부의 가족상담전문가에게 상담을 의뢰해 가족상담을 받도록 지원하며, 가족상담전문가는 학교에서 의뢰된 아동 및 아동의 부모 1인과 함께 심리운동가족상담을 시행하는 것이다.
29) 학교에서 의뢰한 외부 가족상담전문가
30) 학교에서 상담을 의뢰한 경우 아동이 상담을 받도록 지원업무를 하는 사람. 보통 전문상담교사, 아동의 담임교사 또는 학교사회복지사 등이 해당
31) 상담을 받기 위해 참여한 사람. 이 모델에서는 상담에 의뢰된 아동과 아동의 부모를 의미
32) 내담자가 상담을 받도록 권유하고 상담을 의뢰한 사람.
33) 해결중심 심리운동가족상담을 의미

상담 과정	주요 활동 [심리운동 활용]	해결중심 심리운동가족상담 모델의 단계별 시행 내용	

상담
목표
설정
(2회기)
	상담목표 설정
	[관찰과 열린
	진단을 통한
	예외 탐색]
	[심리운동을 통한
	자원 탐색]
		• 내담자와 협력하여 상담목표를 설정함34)
		- 상담을 통해 달성하기 원하는 구체적인 목표설정
		• 심리운동 활동 과정에서 가족이 목표로 하는 예외적
		  행동이 발생하는지, 예외상황이 있는지 관찰과 열린
		  진단을 통해 탐색하고, 이를 확장함	

해결책 탐색 및 실행 단계 (3, 5, 6, 7, 9회기) (E-A- R-S)	가족 상담 (부모, 아동)	변화확인 (과제확인)	• 지난 회기에 주어진 과제 및 한 주 동안의 변화를 확인 - 과제 확인35) - 변화하고 노력한 것 지지하기

		해결책
		탐색 1
		(예외 탐색)
			• 예외 탐색: 문제가 조금이라도 적었거나 무엇이 조금
			  더 나아진 지에 대해 알아보고, 도움이 되었던 방법에
			  대해 구체적으로 탐색함
			- 곤경을 자원으로 활용한 예 탐색
			- 목표와 관련한 작은 변화 및 예외에 대한 탐색과
			  강화를 위한 질문, 현재 상태 파악 및 목표 관련 척도
			  질문
			- 이끌어내기(Elicit) - 확대하기(Amplify) - 강화하기
			  (Reinforce)

		심리운동
		활동 활용
		상담
		[심리운동
		을 통한
		자원 탐색]
		[심리운동
		을 통한
		관계 파악]
			아동상담: 부모와의 상담을 간략하게 아동에게 전달하고,
			문제 해결에 도움이 될 수 있는 내용을 아동에게 질문함
			으로써 간접적으로 칭찬함
			
			• 도입-전개-이완 과정을 통한 심리운동 활동 활용
			  상담 시행
			• 내담자의 문제 해결에 도움을 주는 심리운동 활동
			  시행
			• 다시 시작하기(Start again): 심리운동 활동 과정을 통해
			  더 많은 예외를 발견하기 위해 상담자는 참여자 및
			  관찰자로서 가족의 관계 및 문제 해결에 도움이 될
			  단서를 찾음[열린 관찰]

---

34) 상담목표를 설정하고 매 회기 초반 상담을 한 대상은 아동의 부모이며 설정된 상담목표는
   아동과 협의 과정을 통해 결정
35) 해결중심상담에서는 과제확인이 필수적이지 않으므로 상황에 따라 건너뛸 수 있음

<표 Ⅲ-3> 해결중심 심리운동가족상담 모델의 단계별 내용

상담 과정	주요 활동 [심리운동 활용]		해결중심 심리운동가족상담 모델의 단계별 시행 내용
해결책 탐색 및 실행 단계 (3, 5, 6, 7, 9 회기) (E-A-R-S)	가족 상담 (부모, 아동)	[심리운동을 통한 예외 탐색] [심리운동을 통한 변화 발견]	• 강점과 자원, 예외 탐색 및 확장: 심리운동을 통해 드러난 내담자의 행동, 능력, 태도 등 문제 해결에 도움이 되는 내담자의 강점과 자원, 예외를 찾아 해결 지향적 질문을 통해 확대함 - 심리운동 활동을 통한 예외 이끌어내기(Elicit) - 확대하기(Amplify) - 강화하기(Reinforce) - EARS를 통해 예외를 일상적인 행동으로 재명명 - 직접적 간접적 칭찬을 통한 내담자 인정
		해결책 탐색 2 (심리운동을 통한)	내담자: 이완활동, 상담자: 메시지 작성
		휴식 메시지 전달	• 메시지 전달 및 과제 제시 - 상담과 심리운동 과정을 통해 관찰하고 파악한 내담자의 강점과 자원이 드러나도록 상담자는 메시지를 작성하여 전달, 내담자의 상황에 맞는 과제 제시 - 칭찬과 격려 및 지지

<表 III-3> 해결중심 심리운동가족상담 모델의 단계별 내용

상담 과정	주요 활동 [심리운동 활용]	회 기	해결중심 심리운동가족상담 모델의 단계별 시행 내용
해결 책 탐 색 및 실행 단계 (4, 8) (E-A- R-S)	자문 및 협력 (지원단) 확인 해결책 탐색 (자문 및 협력)	4	• 해결중심 심리운동가족상담 과정 안내 • 아동이나 아동 가족에 대한 문제 확인 및 가족이 설정한 목표 안내 • 심리운동 활동 경험하기 • 해결중심 심리운동가족상담 방법 설명
		8	• 아동의 변화 확인 - 변화하고 노력한 것 지지하기 - 곤경을 자원으로 활용한 예 탐색 • 학급 등에서 심리운동 활용 경험 나눔 • 심리운동 활동에 대한 아동들의 반응

		4	• 예외 탐색
			- 아동의 문제를 해결하기 위해 지금까지 시도한
			  지원단의 해결책 확인
			- 현재 상태 파악 및 목표 관련 척도질문
			- 이끌어내기(Elicit) - 확대하기(Amplify) - 강화하기
			  (Reinforce)
			- 지원단에 대한 아동 사례별 코칭
			- 아동 성장의 주요 자원으로서의 교사나 지원단의
			  역할 나눔

		8	• 아동의 긍정적 변화를 촉진하기 위한 강점 위주
			  열린 관찰을 토대로 학생의 작은 변화에 대한 탐색
			- 목표와 관련한 작은 변화 및 예외에 대한 탐색과
			  강화를 위한 질문
			- 변화 이끌어내기(Elicit) - 확대하기(Amplify) - 강화하
			  기(Reinforce)
			- 성장발달의 주요 자원으로서의 교사나 지원단의
			  역할 나눔

〈표 Ⅲ-3〉 해결중심 심리운동가족상담 모델의 단계별 내용

상담 과정	주요활동 [심리운동 활용]	회기	해결중심 심리운동가족상담 모델의 단계별 시행 내용
해결책 탐색 및 실행 단계 (4, 8) (E-A-R-S)	자문 및 협력	휴식	4, 8	지원단: 이완, 상담자: 메시지 작성
		메시지 전달	4	• 메시지 전달 및 과제 제시 - 소감 및 질의 응답 - 메시지 전달 및 칭찬과 격려, 상호지지 - 아동의 긍정적 변화를 촉진하기 위한 강점 위주 열린 관찰 과제 제시 - 학교 현장에서의 심리운동 활용 과제 제시
			8	• 메시지 전달 - 소감 및 질의 응답 - 메시지 전달 및 칭찬과 격려, 상호 지지
종결 단계 (10회기~ 추후 회기)	변화의 확인과 강화 (종결 회기) [관찰을 통한 변화 발견]			• 긍정정서의 확인과 가족의 노력 인정: 상담에 참여하는 동안 경험한 내담자 자신과 가족의 변화와 더 나아진 점에 대해 되짚어 보고, 이를 가능하게 했던 이유를 확인함 - 변화하고 노력한 것 지지하기 - 목표달성 정도, 가족이 만들어 낸 변화 확인 효과 있었던 방법
	종결 이슈 다루기			• 메시지 전달 및 수행과제 제시; 상담 전 과정에 대한 메시지를 전달하고 후속 회기 때까지 과제 제시 - 메시지 전달 - 후속 모임 공지 • 사후검사
	변화의 유지와 강화 (추후 회기) [관찰을 통한 변화 발견]			• 변화 유지 정도 확인: 상담 종결 후 현재까지 변화 유지 정도를 확인하고 노력을 지지함 - 변화 유지 정도 확인 및 변화하고 노력한 것 지지 - 노력한 방법을 인정하고 강화하기 - 변화를 유지할 수 있는 방법 나누기 • 메시지 전달 • 성공적인 변화를 경험하지 못한 내담자를 위한 상담 안내

1) 사전준비 및 관계 형성 단계

사전준비 및 관계 형성 단계에서 상담자[36]는 상담의뢰자, 내담자를 만나 아동이 겪는 어려움과 그로 인한 문제를 확인하고, 관찰과 열린 진단을 통해 해결책 구축을 위한 가용 자원을 확인한 후 해결중심의 원리와 철학에 기초한 상담을 계획한다. 이모델의 경우처럼 학교와 외부가 연계하여 학생을 지원할 경우, 그 절차가 세밀하게 계획되고 환경을 조성하며 준비하는 것이 상담에 영향을 주므로 사전준비 및 관계 형성 단계를 별도로 구분한다.

상담을 시행하기 전 상담자는 상담의뢰자를 만나 가족을 포함한 아동의 상황을 파악하고, 업무담당자와도 면담을 하고 상담을 할 수 있는 여건을 조성하며 사전준비를 한다. 상담이 시행될 장소, 시간, 상담 과정, 상담 회기, 준비물, 연락체계 등 효과적인 상담이 될 수 있는 환경을 구축하고 전문상담교사, 학생의 담임교사, 학교복지사, 교감, 보건교사로 구성된 협력체계를 만들어 지원단을 구성한다. 상담의 과정이 효율적으로 이루어질 수 있도록 아동이 제시간에 합류할 수 있는 여건을 사전에 상호 확인하고, 장소 또한 내담자들이 안정감을 느낄 수 있는 환경이 되도록 준비하는 등 상담 과정에 따라 지원이 필요한 요소에 대해 구체적으로 의논한다. 업무담당자뿐만 아니라 상담

---

36) 학교에서 의뢰한 외부 가족상담전문가

자와 가족상담을 지원해 줄 지원단 간의 신뢰를 형성하고 아동을 위한 협력적 관계를 만드는 것 또한 상담진행에 영향을 미치기 때문에 중요하다. 그리고 이 협력체계의 구성원은 학교 환경에 따라 늘어나거나 줄어들 수 있다. 그러나 이 과정에 될 수 있으면 관리자 1명을 포함할 필요가 있는데, 학교 관리자는 지원단의 역할과 노고를 인정할 수 있는 지위에 있기 때문이다. 상담자는 이러한 관계를 이용하여 지원단이 관리자로부터 인정받고 적극적으로 아동을 지원할 수 있도록 안내할 필요가 있다.

사전 면담 단계에서 상담자는 업무담당자를 만난 후 내담자를 만나 문제의 확인과 강점 및 자원 탐색 이외에도 서로 인사를 나누고, 친밀감을 형성하며, 상담이 가능한 치료적 관계를 구축한다. 그리고 상담자는 내담자에게 상담의 전체 진행과정, 상담 기간, 회기 수 및 각 회기의 시간 구성, 상담 과정에서 할 활동, 상담 과정 중 지켜야 할 약속, 종결에 대한 열린 가능성 등에 대한 설명을 한다. 상담 진행에 있어 상담자와 내담자 사이에 신뢰감과 친밀감은 매우 중요한 요소이며 해결중심접근에서도 마찬가지다(Berg & Kelly, 2000/2014).

관계를 형성하기 위해 상담자는 내담자가 어떤 어려움을 가졌는지 경청하는 과정을 통해 내담자와 신뢰 관계를 형성하고 정서적으로 유대감을 맺는다. 그리고 내담자가 해결하고자 하는 문제를 확인하고, 관찰과 열린 진단을 통해 문제 해결에 도움이 될 수 있는 내담자의 강점과 자원을 탐색한다. 이 단계의 상담 초반에 내담자가 해결하기 원하는 문제를 확인한다는 점에서 문제가 되지 않는 예외 상황, 강점에 초점을 두는 해결중심접근과 대비되는 면이 있다. 그러나 문제에 대한 설명, 문제 상황에서 느낀 어려움 언급을 제한하는 것은 해결중심접근의 인간중심적 철학에 맞지 않기 때문(Lipchik, 1993)에, 상담자는 내담자를 사전 면담 과정에서 만나 내담자가 호소하는 어려움을 듣는다. 사전 면담 과정을 통해 이루어지는 관계 형성 단계에서는 내담자가 겪고 있는 문제의 근본적인 원인을 밝히려 하거나 문제가 어떤 영향을 미치는지를 파악하는 데 많은 관심을 두지는 않는다. 대신 내담자가 자신의 생활환경 안에서 경험하는 어려움과 문제가 어떤지 확인하고 이해하며, 이를 어떻게 도울 수 있을지 생각하며, 내담자를 포함한 환경 전체에서 치료적으로 활용할 수 있는 자원과 강점을 찾는 일에 집중한다.

2) 상담목표 설정 단계

해결중심 심리운동가족상담 모델에서 상담목표를 설정하는 과정은 내담자와의 협력을 통해 이루어지며 해결중심접근의 목표설정 원칙을 따른다. 상담목표는 내담자가 원하고, 현실적이며, 실행 가능하고, 작은, 구체적인 목표 위주로 설정한다(정문자 외, 2012; Berg & Kelly, 2000/2014). 상담목표를 설정하는 과정에서 일반적으로 내담자는 문제 위주로 상황을 설명하는 경향이 있다. 이때 상담자는 내담자가 호소하는 어려움 중에서 부정적인 문제의 어떤 점들이 사라지는 데 초점을 두기보다 작지만 희망적이고, 궁극적으로 내담자가 원하는 바를 분명하게 행동적인 모습으로 그려낼 수 있도록 안내한다. 부정적이고 문제 있는 행동의 중단보다는 내담자가 기대하는 바의 시작이 되도록 실행 가능하고 구체적인 목표를 찾는 일에 집중한다(Berg & Miller, 1992/1995).

3) 해결책 탐색 및 실행 단계

내담자와의 협력을 통해 상담목표가 설정되면 목표를 달성하기 위한 방법을 찾고 해결책을 탐색하는 일에 초점을 맞춘다. 해결책 탐색 및 실행 단계의 매 회기 상담구조는 유사하다. 각 회기의 상담은 90분 동안 이루어지며, 이 90분은 도입, 전개, 정리 세 부분으로 나누어 진행된다. 도입부 20분 동안 부모 상담이 이루어지고, 이후 50분 동안 아동과 부모가 함께하는 심리운동 활동을 활용한 상담이 전개되며, 마지막 20분 동안에는 정리 단계로써 부모와 아동이 함께 상담한 후 메시지와 과제 전달이 이루어진다.

먼저 도입부 20분 동안 시행되는 상담은, 부모와 한 주 동안의 작은 변화에 관한 이야기를 나누는 것으로 시작한다. 지난 회기 이후 관찰하거나 경험한 작은 변화를 이끌어내는 것에서 시작해, 이전 상담에서 부여받은 과제 수행 경험에 대해 이야기

를 나눈다. 그러나 해결중심상담에서 과제 확인은 필수 사항이
아니므로, 내담자의 변화를 확인하기 위해 활용될 수 있다. 상
담목표와 관련하여 문제가 일어나지 않았던 예외 상황을 구체
적으로 듣고, 그 상황이 일어나도록 한 데 도움이 된 점을 확인
한다. 그때는 문제가 일어날 때와 무엇이 달랐는지에 대해 내담
자의 생각, 평소와 다른 행동, 상황, 여건 등 문제 상황과 다른
무엇이 있었는지 탐색하는데, 예외를 찾고 이를 내담자의 생활
전반으로 확장하는 해결중심접근의 상담 원리에 근거하여 이끌
어내기(Elicit)-확대하기(Amplify)-강화하기(Reinforce)-다시 시작하
기(Start again)의 순서로 진행된다. 이 과정에서 상담자는 내담자
가 미처 인식하지 못한 자신의 강점을 인식할 수 있도록 예외적
상황을 확장해 나가며, 이 과정을 통해 내담자는 예외를 만들어
내는 일에 도움이 된 요소를 발견한다.

　상담 중반 50분 동안에는 아동과 부모가 함께하는 심리운동
활동을 활용한 상담이 시행된다. 심리운동 활동을 시작하기 전
상담자는 전반부에 시행된 부모와의 상담 내용을 아동에게 간
략하게 전달한 뒤, 부모가 언급한 내용 중 아동과 관련한 장점
이나 예외를 아동에게 확인한다. 아동과의 짧은 상담 과정은 간
접적인 칭찬의 형태로 아동의 예외행동을 강화하고 지지하는
효과가 있다. 아동과의 상담 후 아동과 부모가 함께하는 심리운
동 활용 상담을 시행한다. 심리운동은 아동과 가족의 문제 해결
에 도움이 되는 주제를 담은 기본적인 활동 위주로 이루어지며,
가족의 역동이 일어나고 자발적 참여가 이루어질 수 있도록 상

황을 고려한다. 상담자는 심리운동이 시행되는 동안 가족관계, 상호작용의 모습, 의사소통 방식, 활동에 임하는 개인의 말, 표정, 태도 등을 자세하게 관찰하고, 이를 이후 상담에서 해결책 구축의 자원으로 활용한다. 때에 따라 심리운동 활동 과정에서 가족 구성원들의 부정적인 면이 드러날 경우가 있는데, 이때 상담자는 자연스럽게 개입하여 심리운동 활동 안에서 가족 간 이미 형성되어 있는 부정적 패턴을 다른 방식으로 변화시키고, 문제가 해결되는 상황을 경험할 수 있도록 돕는다. 이때 활용되는 심리운동 활동은 내담자와 그 가족이 가진 문제를 해결하는 데 도움을 줄 수 있는 활동들로 구성해야 한다. 또한 심리운동 활동들은 가족의 역동과 관계가 변화하면서 필요에 따라 변경될 수도 있다. 그러므로 상담사는 이 점을 분명하게 인식하고 있어야 하며, 심리운동 활동에 대해 충분한 지식과 활용할 수 있는 자원을 구축해 두는 것이 필요하다.

상담 후반 20분 동안은 정리단계로서 아동 및 부모와의 상담 및 메시지 전달이 이루어진다. 이때 상담에서 활용하는 내담자 즉 아동과 부모의 자원과 강점은 상담 중반에 시행된 심리운동 활동으로부터 가지고 온 내용을 주로 활용하며, 해결지향적 질문을 사용해 심리운동 활동에서 관찰되거나 파악된 내용, 내담자가 경험한 일, 수행한 과제 등을 다룬다. 심리운동 활동 중 상담목표와 관련하여 포착된 예외에 초점을 맞추고, 그런 상황이 일어나도록 도움이 된 것, 얼마나 자주 그런 일들을 하는지, 어떻게 할 수 있었는지 등 문제가 일어날 때와 무엇이 달랐는지에 대해 구체적으로 탐색한다. 이후 이를 확장하여 해결 중심접근에 근거한 끌어내기(Elicit)-확대하기(Amplify)-강화하기(Reinforce)-다시 시작하기(Start again)의 순서로 문제가 되지 않았던 예외 상황을 집중하여 탐색한다. 상담자는 내담자에게 질문에 대한 답을 하는 과정을 통해 미처 깨닫지 못한 자신의 강점을 알게 되고, 자신의 일상에서 목표 행동이 이미 일어나고 있었음을 알아채도록 돕는다. 일반적으로 아동과의 상담에서 아동이 상담자의 질문을 이해하기 곤란할 경우, 상담자의 질문에 반응하는 것이 어렵다. 그러나 심리운동 활동을 하는 동안 내담자 역시 활동에 참여하는 가족 구성원의 모습을 관찰할 수 있으므로 비록 아동이라 할지라도 다른 가족 구성원의 강점과 자원을 찾아낼 기회를 가질 수 있는데, 이 점이 해결중심 심리운동 가족상담 모델에서 중요한 역할을 한다. 또한, 가족은 심리운동 활동을 통해 자신의 자원을 발견하는 기회를 얻고, 상담에서 바라는 바를 활동을 통해 시연해 볼 수 있다.

상담 후반 15분경 상담을 종료하고 아동과 부모는 휴식을 취하며 이완활동을 하는 동안 상담자는 내담자에게 전달할 메시지를 작성한다. 상담자는 심리운동 활동 과정에서 관찰된 내담자들의 강점과 자원이 포함된 메시지를 작성하여 가족에게 전달하고, 필요한 경우 상담자의 메시지를 메모할 수 있다는 것을 안내한다.

4) 종결 단계

해결책 탐색 및 실행 단계를 거치며 내담자가 설정한 자신의 상담목표가 달성되었을 때 종결단계에 접어든다. 상담 종결에는 내담자의 의사가 반영되며, 주로 상담의 목표와 관련하여 내담자가 실행 가능한 것들이 심리운동 활동 과정에서 행동으로 나타나고, 원하고 기대하던 구체적인 목표를 달성하게 되었다는 신호를 확인함으로써 이루어진다. 그러나 때에 따라 내담자의 요청으로 상담을 종결할 수도 있는데, 이때 상담자는 내담자의 의사를 수용하고, 필요에 따라 상담을 재개할 수 있다는 사실을 알린다.

해결중심 심리운동가족상담에서 종결 단계는 종결상담과 추후상담으로 구분된다. 종결단계에서는 내담자가 더이상 상담이 진행되지 않는다는 사실을 받아들이고 상담 과정에서 발견한 자신의 강점과 자원을 다시 인식하도록 도우며, 상담을 통해 경험한 긍정적인 변화를 강화하는 것이 주된 과제다(Berg & Kelly, 2000/2014). 상담자는 내담자가 의뢰한 문제가 해결되어 과거보다 긍정적으로 변모한 모습으로 안정적으로 지낼 것을 믿는다. 종결단계에서는 내담자가 겪는 어려움이 감소하게 된 것을 축하하고, 기울인 노력을 지지하며, 상담과 심리운동 활동 과정에서 습득한 해결책을 상담 종결 이후에도 지속해서 활용하도록 격려한다. 그리고 종결과 관련하여 필요한 사항을 전달한다.

추후상담은 상담 종결 후 약 4주가 지난 후에 시행되는데, 종결 때 보였던 해결과 변화를 내담자가 유지하고 있는지 확인한다. 그리고 종결 이후 변화를 어떻게 유지할 수 있었는지 알아보고, 그사이 더 발전하거나 자신의 생활에서 새롭게 발견한 방법, 스스로 노력한 내용을 찾고 이를 지지하고 격려한다. 상담자를 정기적으로 만날 수 없는 상황에서 어떻게 변화를 유지할 수 있었는지, 그것이 어떻게 가능했는지, 그 변화를 유지하기 위해 취한 어떤 방법이 도움되었는지에 대한 내담자의 경험을 다루는데, 이는 내담자가 상담 과정에서 나타난 변화를 이후에도 유지할 수 있도록 돕는 중요한 요소다. 그런 이유에서 해결중심 심리운동가족상담 모델에서는 추후상담을 독립된 회기로 부여하였으며, 이 과정을 통해 내담자들이 추후상담 이후에도 변화를 만드는 자신의 능력을 더 발전시키고 유지하도록 돕고자 하였다. 또한 추후 상담은 본 상담이 종결된 후 반드시 4주 후에 해야 하는 것은 아니다. 상담자는 내담자와 협의하에 추후상담일을 결정할 수 있다. 또한 단 한 번의 추후상담이 이루어지는 것이 아니라, 필요에 따라서는 그 이후에도 내담자와의 협의에 의해 만날 수도 있으므로, 상담자는 내담자와 종결하는 시점에서 이에 대해 서로 이야기를 나누는 것이 좋다.

해결중심 심리운동가족상담 모델의 상담기법

　해결중심 심리운동가족상담 모델에서 사용하는 기법은 크게 네 가지로 구분된다. 여기에는 해결중심접근을 토대로 한 상담 방법과 심리운동 기반에서 비롯된 방법 그리고 상담이 이루어지는 환경이 고려되었다. 해결중심 심리운동가족상담은 '알지 못함의 태도', '해결중심 질문', '관찰과 열린 진단 및 심리운동을 통한 개입', '협력과 중재'의 기법을 주로 사용한다. 해결중심 심리운동가족상담에서 사용되는 대표적인 상담기법을 〈표 Ⅲ-4〉에 제시하였다.

　'알지 못함의 태도'와 '해결중심 질문'은 해결중심접근의 중요한 상담태도이자 실천기법으로써 이 모델에서 중심적으로 사용되었다. '알지 못함의 태도'는 해결중심상담사가 가져야 하는 기본적이고 중요한 태도로써 내담자를 판단하거나 상담자의 틀에 맞추는 대신, 있는 그대로 이해하고 내담자의 준거틀을 수용하며 존중을 보여주는 자세다. 해결중심상담자의 '알지 못함의 태도'는 상담자와 내담자 간에 신뢰감을 형성하고 상담을 진행하기 위해 중요한 태도다. 내담자가 자신의 문제에 대한 전문가임을 믿고 상담자는 그의 이야기를 따라가는 태도로써, 해결중심접근에서 사용하는 '알지 못함의 자세'를 이 모델에서는 '알지 못함의 태도'로 바꾸어 사용하였다. '해결중심 질문'은 사전 면담과 상담 전반, 심리운동, 협력과 중재 등 해결중심 심리운동가족상담의 전과정에서 활용된다. '관찰과 열린 진단 및 심리운동을 통한 개입'은 심리운동에서 활용되는 관찰과 진단을 상담에 적용한 기법이다. 심리운동에서는 움직임과 태도 등을 정밀하게 관찰한 후 대상자의 상황과 상태 등을 진단하는데 사용된다. 그러나 해결중심 심리운동가족상담 모델에서는 내담자가 참여하는 심리운동 활동을 상담자가 관찰하면서 가족이나 가족구성원이 보이는 강점, 자원, 문제 해결의 실마리가 될 예외 중심으로 관찰하고, 상담자로서 어떠한 선입견이나 편견을 갖지 않는 열린 진단을 하는 데 활용된다. '협력과 중재'의 기법은 내담자가 목표를 달성할 수 있도록 상담의뢰자와 가족, 부모와 아동, 부모와 지원단, 지원단 간의 신뢰 관계를 구축하고 효과적인 의사소통에 도움을 주기 위해 사용된다.

〈표 Ⅲ-4〉 해결중심 심리운동가족상담 모델의 상담기법

구분	종류	사용 목적
알지 못함의 태도	경청	내담자의 이야기를 주의 깊게 들음으로써 내담자가 중요하게 여기는 사람, 원하는 것을 알아내고자 함. 내담자가 이야기하는 것에 대한 평가 없이 집중해서 들으려는 언어적, 비언어적인 행동을 함
	핵심용어의 반복	내담자가 사용하는 핵심용어를 전문적인 용어로 재명명하지 않고, 내담자의 용어를 사용하여 내담자에 대한 존중을 표현함
	치료자의 비언어적 행동	언어적 반응뿐 아니라 비언어적 행동을 통해 내담자의 이야기를 진지하고 주의 깊게 들으며 내담자를 존중하는 태도를 보임
	요약	내담자의 생각, 행동, 느낌에 대해 알게 된 바를 정리하여 내담자에게 재진술 함. 경청 및 내담자의 말을 정확하게 듣고 있었다는 것을 확인시켜주는 기회가 됨
	칭찬	상담을 매개로 발견하게 된 내담자의 강점과 자원, 과거의 성공, 어려움 극복능력 등을 내담자가 인식하도록 직접적 간접적으로 일깨움
	긍정적 재명명	내담자가 사용하는 문제중심 진술이나 단어를 내담자가 사용하지 않는 긍정적 관점으로 재해석함으로써 내담자에게 관점의 변화를 유도하거나 강점관점 설명을 학습하도록 함
	긍정적 비언어적 행동에 집중	내담자가 설명하는 다양한 문제와 생활에서 작지만 문제로 보이지 않는 점에 초점을 맞추며, 내담자가 상담 중에 보이는 태도나 표정, 동작 혹은 의복의 색상 등에도 관심을 가짐
	공감	내담자가 의사소통하는 것, 내담자의 감정과 생각을 나의 것처럼 느끼되 그것에 의해 속박되지 않음. 자신의 자리에서 내담자의 입장, 생각 감정을 깊이 있게 이해함
	내담자에게 초점 맞추기	내담자의 문제에 대해 내담자만큼 알고 있는 사람은 없다는 것을 비언어적인 표현을 통해 나타내고, 자기 일에 대한 전문가임을 인정하며, 존중과 이해로 내담자가 하는 일에 초점을 맞춤

구분	종류	사용 목적
해결중심질문	예외 질문	어떠한 문제에도 예외는 있기 마련이라는 해결중심접근의 기본 전제에 따라 내담자가 문제로 생각하고 있는 행동이 일어나지 않는 상황이나 행동을 질문하며, 한두 번의 예외를 찾아 내담자의 성공을 확대하고 강화함
	관계성 질문	중요한 타인의 눈으로 자신을 보게 되면, 이전에는 없었던 가능성을 만들어 낼 수 있으므로 희망, 힘, 한계, 가능성 등을 내담자와 중요한 관계에 있는 사람들의 입장에서 생각하도록 하는 질문
	간접적 칭찬	어떻게 그렇게 할 수 있었는지 진심으로 궁금해하며 내담자의 어떤 측면이 긍정적임을 암시하는 질문, 이 질문을 통해 내담자가 자신의 강점이나 자원을 발견하도록 이끎
	기적 질문	내담자가 원하고 바꾸고 싶어 하는 것을 기적이 일어난 상황으로 상상하면서 설명할 수 있도록 질문함
	면담 전 변화에 관한 질문	변화란 항상 일어난다는 해결중심접근의 가정을 전제로 내담자가 면담을 약속한 후 상담에 오기까지 일어난 변화에 대해 질문하며, 변화가 있는 경우 내담자가 이미 보여준 해결 능력을 인정하고 칭찬하며 강화하고 확대함으로써 상담으로 연결함
	척도 질문	내담자에게 자신의 문제, 문제의 우선순위, 성공에 대한 태도, 정서적 친밀도, 자아존중감, 치료에 대한 확신, 변화를 위해 투자할 수 있는 노력, 진행에 관한 평가 등의 수준을 1~10 사이의 숫자로 표현하도록 함으로써 질문으로 내담자의 변화 과정, 정보 등을 파악할 수 있는 질문
	대처 질문	절망적인 상황에 빠진 내담자에게 희망을 심어주기란 쉬운 일이 아니므로, 어려운 역경을 어떻게 견뎌왔는지 질문함으로써 무력감을 떨치고 과거의 성공경험과 자신이 대처 방안을 가졌음을 깨닫게 함
	그 외 또 뭐가 있는지 질문	더 많은 예외를 더 발견하고, 장점, 자원, 성공적 경험 등 긍정적인 측면을 더 끌어내려는 질문
	구체화된 메시지	매 상담시간 상담종결 이전, 상담 중 발견한 내담자의 중요한 자원과 강점 등에 대해 상담자는 간략한 메시지를 작성하고, 이를 내담자에게 제공함으로써 상담 효과를 극대화함

구분	종류	사용 목적
관찰과 열린 진단 및 심리 운동을 통한 개입	문제 및 자원 탐색	가족의 심리운동 활동을 보며 내담자가 호소하는 문제가 발생하는지 확인하고, 문제로 확대되지 않는 경우를 관찰함. 가족의 문제나 상황을 틀에 맞추어 사정하지 않고, 가족의 입장에서 이해하며 건강한 해결책을 위한 방안을 마련함
	관계 파악	심리운동 시간에 보여주는 가족의 언어적 비언어적 활동 모습을 보면서 가족 간의 관계와 의사소통 방식, 표정 및 태도 등을 파악함
	예외 탐색	가족의 문제 해결과 상담목표 달성에 실마리를 제공할 강점과 자원을 주의 깊게 탐색함
	변화 발견	심리운동 활동을 통해 아동이나 가족의 변화를 발견함
협력과 중재	긍정적 전달	가족과 교사, 담임교사와 상담교사 및 학교복지사, 담임교사와 상담교사 및 관리자 등이 아동을 위한 지원과정에서 소외되거나 노력이 과소평가되지 않도록, 상담자는 지원 상대의 노력과 시도 및 행동과 태도에 대해 긍정적인 메시지로 전달함으로써 서로 협력하는 관계를 유지할 수 있도록 함
	격려와 지지	교사가 부적응 아동을 위해 그간 노력해 왔던 방법을 들어보고, 노력과 인내심을 격려하고 성공경험을 지지하며 부족한 방법에 대해서는 변화를 시도할 수 있도록 지지함
	정보 제공	가족상담을 의뢰한 아동의 담당자로부터 아동에 대한 정보를 제공받으며, 상담 진행과정에서 돌출된 사항에 대해 확인하고, 학교에 관해 문제시된 부분은 가족과 학교의 오해가 일어나지 않도록 중재함
	협의	아동과 관련하여 중요한 성인(담임교사, 상담교사, 학교사회복지사, 보건교사, 관리자 1인) 중심으로 지원단이 구성되고, 지원단은 상담자로부터 아동의 학교적응을 돕기 위한 아동 및 부모상담 컨설팅과 학교에서의 노력에 대해 함께 의논함
	존중과 존경	아동을 위해 교사들이 지금껏 해왔던 노력에 대해 존경심을 표하고, 아동을 성장 발달시키고자 노력하는 사람으로 존중을 표함으로써 아동을 위한 수고와 협력을 요구함

04

해결중심 심리운동가족상담사의
역할

 해결중심 심리운동가족상담사는 해결중심상담과 심리운동을
사용하는 것에 능숙해야 하고, 두 접근법의 장점을 활용할 수
있어야 한다. 내담자가 자신의 자원을 발견하고 내담자가 문제
를 해결할 수 있도록 해결중심접근을 통해 안내할 수 있어야 하
고, 내담자가 설정한 상담목표에 이르도록 돕기 위해 다양한 상
담기법과 함께 내담자가 호소하는 문제의 주제에 적합한 심리
운동 활동을 선택해서 제공할 수 있어야 한다. 그리고 상담자
와 내담자 사이에 상담을 의뢰한 기관이 있는 경우라면, 상담자
는 내담자의 문제 해결과 상담목표 달성을 위해 그 기관이 가진
장점을 활용할 수 있어야 한다. 내담자 및 의뢰자와의 신뢰관계
형성, 의뢰자 간의 협력관계 구축과 중재를 위해서는 이들에 대
해 존중과 존경심을 보이는 것이 우선이라는 점을 알아야 한다.
 상담자로서, 내담자와 상담의뢰자와의 사전 면담을 하는 과

정에서는 이들과 신뢰에 기반한 유대 관계를 형성하는 데 힘써야 한다. 상담에 이르게 된 문제 상황을 들으며 내담자와 의뢰자의 고통에 공감할 수 있어야 하고, 친밀감과 신뢰를 형성해 상담이 진행될 수 있는 심리적인 환경을 조성해야 한다. 목표설정 단계에서 상담자가 해야 할 무엇보다 중요한 일은 내담자들이 자신의 문제에 집착하는 데서 벗어나 진심으로 자신이 원하는 것을 찾아내도록 즉, 해결에 이르도록 내담자들의 진행 속도에 맞추는 것이다. 상담자가 문제에 대해 잘 안다는 태도를 보이거나 설득을 하거나 해답을 제시하는 태도를 보이지 않는 것이다. 내담자와 함께 해결책을 탐색해 가는 동반자로서 내담자가 이미 그들 문제에 대한 전문가라는 사실을 믿고, 그들의 설명을 주의 깊게 경청하며 그 안에서 해결의 실마리가 되는 예외와 자원을 찾는 일에 힘써야 한다. 그리고 무엇보다 중요한 일은, 지금까지 문제를 보는 시각에 익숙한 내담자들이 문제가 되지 않는 상황이 있었던 때가 있었다는 것을 깨닫도록 안내하는 것이다. 문제를 깊이 생각하는 대신 문제가 되지 않았던 때에 더 집중하도록 환기함으로써 내담자들이 자신과 가족의 강점과 대처능력, 자원에 대해 생각해 볼 기회를 제공한다. 이는 이후 상담 과정에서 반복적으로 사용되지만, 이 과정이 문제중심에서 해결중심적인 태도로 전환하는 기회가 된다는 점을 알아야 한다.

상담자는 해결중심접근의 철학과 원리에 대해 깊이 생각하며, 상담을 통해 이들이 구현되도록 해야 한다. 또한, 상담과 심리운동 활동 과정을 통해 내담자들의 장점이나 강점 및 능력을 파악하며, 상태나 관계, 아동과 부모가 미처 깨닫지 못한 이들의 사소한 자원이나 대처방법, 문제가 일어나지 않았던 예외 상황을 찾고 이끌어낼 수 있는 해결지향적 태도와 강점관점의 긍정적 시각을 가져야 한다. 또한, 심리운동 활동에서 내담자들이 위축되지 않고 자연스럽게 그들의 상황을 드러내며, 나아가 자발성을 발휘할 수 있도록 지지적이고 포용적이며 온정적인 상담가로서의 역할을 해야 한다. 동시에 심리운동 활동 과정을 통해 가족의 문제와 관계 및 상황, 숨겨진 자원과 예외를 발견할 수 있는 열린 관찰력과 열린 태도를 지녀야 한다. 이는 심리운동의 이해 이론에서 강조하는 상담자의 중요한 태도이자 역할이며, 내담자 이해 이면의 것을 탐색하고 볼 수 있는 능력이기 때문이다. 해결중심 심리운동가족상담사는 내담자들에게 자신의 문제를 스스로 해결할 수 있는 능력이 그들에게 있다는 사실을 일깨워 주고, 내담자들이 스스로 발견한 자신의 강점과 자원을 기꺼이 수용하고 활용할 수 있도록 촉진한다. 또 그들이 설정한 상담목표를 상담자와 협력해 달성할 수 있도록 안내하며, 해결지향적 태도와 강점관점을 내면화하여 목표 달성 이후에도 상담을 통해 야기된 변화를 일상적으로 유지하도록 돕는다.

상담자는 내담자가 상담을 통해 실천 가능한 목표를 설정하고 이를 달성할 수 있도록 '알지 못함의 자세', '해결중심 질문', '관찰과 열린 진단 및 심리운동을 통한 개입', '협력과 중재'의 기술을 익숙하게 사용할 수 있어야 하며, 단기치료를 지향하는 해결중심접근의 철학이 해결중심 심리운동가족상담을 통해 구현되도록 노력한다.

해결중심 심리운동가족상담 모델의 적용

학교기반 해결중심
심리운동가족상담의 실제

 Ⅳ장은 학교 내의 아동 지원 인력(전문상담교사나 학교복지사 또는 교사) 중에서 가족상담을 시행할 수 있는 전문가가 없지만, 서비스가 필요한 아동을 돕기 위해 학교 밖 가족상담전문가에게 가족상담을 의뢰한 경우를 가정한 것이다. 즉, 이 장은 심리운동 활용이 가능한 학교 밖 해결중심 가족상담사 또는 가족상담전문가가 학교 현장에서 가족상담을 의뢰한 교사들과 협력해 해결중심 심리운동가족상담을 통해 아동과 아동의 가족을 지원하는 방식을 보여준다. 다음은 학교에서 해결중심 심리운동가족상담이 시행되는 과정에 대한 설명이다.

[그림 Ⅳ-1] 학교기반 해결중심 심리운동가족상담 실시 과정

지원 아동 결정 ┈┈┈ 지원 아동 결정 기준에 따라 결정

↓

아동 지원을 위한
교사 협력체계 구축 ┈┈┈ 담임교사, 보건교사, 전문상담교사,
학교복지사, 학교관리자 등

↓

사전 면담 및 관계 형성을 통한
내담자 파악과 협력관계 구축 ┈┈┈ 관찰과 열린 진단을 통한 문제, 자원 및
예외상황 탐색 → 사례 개념화 →
상담 구조화

↓

상담목표 설정 ┈┈┈ 관찰과 열린 진단을 통한 예외상황 탐색,
심리운동을 통한 자원 탐색,
상담목표 설정

↓

해결책 탐색 및 실행:
E-A-R-S 절차 따르기 ┈┈┈ 끌어내기(Elicit) - 확대하기(Amplify)
- 강화하기(Reinforce) -
다시 시작하기(Start again)

↓

교사 지원단 협의 ┈┈┈ 담임교사, 보건교사, 전문상담교사,
학교복지사, 학교관리자 등 참석

↓

내담자의 변화 기록 및
정리 ┈┈┈ 상담 전 과정에서 관찰된 아동의 강점,
자원, 변화의 과정 등 기록 및 정리

↓

아동의 변화 공유하기 및
변화 공고히 하기

1) 지원 아동 결정

학교는 학생들이 그들의 발달단계와 성장 수준에 맞는 교육 환경을 제공하고, 그 안에서 학생 개개인이 학습, 관계 등을 통해 유연하게 사회에 적응해나가도록 돕고자 한다. 학교에는 다양한 이유로 도움과 지원을 필요로 하는 아동들이 있다. 등교를 거부하거나 자주 지각을 하는 아동, 부모님의 정신적·심리적 문제나 양육에 대한 어려움 때문에 아동을 지원해야 하는 경우도 있다. 부모의 이혼이나 재혼으로 문제가 불거지는 아동, 저소득 가정환경에서 경제적 어려움을 겪는 아동도 있을 수 있다. 또는 아동의 성격이 예민하거나 학급에서 친구들에게 쉽게 짜증을 내는 등 가정뿐 아니라 학급에서도 마찰이 잦은 아동도 있고, 그 아동의 부모 역시 예민하고 불안하고 아동에게 지나치게 간섭하는 등의 양육 태도를 보일 때도 있다. 이 외에도 친구를 사귀기 어려워하며 학급에서 어울리지 못하는 아동, 또는 어울리려고는 하나 사회성이 부족하고 자기중심성이 강해 원만하게 친구관계를 맺고 유지하기 어려운 아동도 있을 수 있다. 지나치게 경쟁적이거나 가족들이나 친구들 사이에서 피해의식을 가지는 문제로 어려움을 겪는 아동도 있을 수 있고, 이처럼 아동들은 다양한 이유로 행동문제를 보이는 경우가 많다. 분명 자신이 잘못했음에도 이에 대한 지적을 받아들이지 못하고 공격적인 태도로 돌변하거나 교사나 부모에게 반항적인 태도를 보이고, 친구들 사이를 이간질하는 행동을 하고, 학급 분위기를 파악하지 못하고 산만하고 부주의하며 집중하지 못하는 아동 등도 있을 수 있다. 그야말로 학급에는 다양한 이유로 다양한 문제를 일으키는 아동들이 있다.

이와 같이 학교에서 다양하게 어려움을 겪는 아동들을 돕고자 학교에서 해결중심 심리운동가족상담을 계획할 경우, 지원 대상 아동을 결정할 때는 다음의 근거를 참고할 수 있다.

첫째, 학생정서·행동검사 결과 고위험군에 속한 학생 또는 학교부적응 아동으로 판단되어 학급 담임교사로부터 교내 Wee 클래스에 의뢰된 학생 중, 전문상담교사의 권유로 가족상담을 받기로 한 아동과 가족이 대상이 될 수 있다. 초등학교의 경우 1학년과 4학년 때에는 모든 학생에게 학생정서·행동검사가 시행된다. 이 검사는 해당 아동에게 문제가 있다고 확정하는 진단검사가 아니라 성격특성, 정서행동 발달 정도를 알아보는 선별검사다. 성장 과정에서 겪게 되는 정서·행동의 어려움을 조기에 확인하고 신속한 도움을 제공하기 위한 선별검사로 주로 온라인으로 시행되지만, 어려울 시 서면검사로도 진행된다. 검사결과에 따라 학교담당자가 개별 면담을 시행하며, 전문기관의 추가검사가 필요하다고 판단된 학생은 학부모의 동의하에 Wee센터 및 정신건강복지센터로 연계되어 심층평가 후 치유를 위한 추가적인 상담 등이 계획된다. 또한, 의학적인 도움이 필요할 경우 전문 병·의원으로 연계되며 즉각적인 도움이 필요한 학생의 경우에는 센터를 거치지 않고 바로 병원으로 연계되기도 한다. 이 검사 업무는 2021년 기준, 초등학교의 경우 보건교사가 담당으로, 담임교사의 협조 아래 시행되고 검사 결과는 각 담임 역시 알 수 있다. 결과에 근거하여 담임교사는 아동을 외부 전문 기관이 아니라 교내 Wee 클래스에 의뢰할 수 있고, 전문상담교사는 해당 아동을 지원하기 위해 아동 개인뿐 아니라 가족상담이 필요하다고 판단해야 할 경우가 있다. 이 경우 전문상담교사는 아동의 부모에게 연락하여 가족상담을 권유할 수 있고, 부모가 이를 받아들이기로 결정하면 해당 아동의 가족은 학교에서 심리운동을 활용한 가족상담을 받을 수 있다.

둘째, 학교 내의 사회복지사가 교내 아동 중 사례관리 중인 아동으로, 학교복지사의 권유로 가족상담을 받기로 한 아동과 가족이 될 수 있다. 학교복지사가 상주하는 학교가 있다. 학교복지사는 가정 형편이 어려운 아동을 대상으로 다양한 지원을 하며 학교 밖과도 연계하여 아동을 지원하는 역할을 한다. 학교복지사는 해당 사례관리 아동에게 가정과 연계한 지원이 필요하다고 판단할 수 있고, 이를 아동의 부모에게 권유하게 된다. 부모가 동의할 경우 그 대상이 될 수 있는데, 학교복지사는 전문상담교사와 연계하고 협력해 이 아동의 가족을 지원할 수 있다.

셋째, 아동이 학교부적응에 준하는 행동을 한다고 판단한 담임교사의 권유로 가족상담을 받기로 한 아동과 가족이 대상이 될 수 있다. 초등학교에서 담임교사는 수업이 시작되기 이전부터 시작해 주요 교과 시간, 점심시간, 기타의 시간을 학생들과 함께 생활하며 학습지도 및 생활지도를 하게 된다. 이로 인해 담임교사는 학생이 학급에서 하는 말과 행동, 대인관계, 성격특성과 정서적인 면까지 관찰하게 된다. 그리고 학급의 아동들과 비교할 수도 있다. 그 과정에서 담임교사가 보기에 학교부적응 행동을 보인다고 판단하는 아동이 있을 수 있고, 이 경우 담임 교사는 아이의 부모와 상담하거나 아이를 교내 Wee 클래스에 의뢰해 전문적인 도움을 받도록 한다. 담임교사는 전문상담교사와 협력해 해당 아동이 적절한 도움을 받도록 안내하고 지원할 수 있다.

넷째, 보건실을 이용하는 아동들을 장기간 관찰한 학교 보건 교사의 권유로 가족상담에 응한 아동과 가족이 대상이 될 수 있다. 초등학교에서 학생들은 다양한 이유로 보건실을 방문한다. 사고가 나서 다친 경우 이외에도 학생들은 수업 중 또는 쉬는 시간에도 보건교사를 만난다. 보건교사는 고통을 호소하는 아동의 말에 귀를 기울이고 아픈 곳에 집중하여 관심을 가지고 돌보아 주므로 아동들은 보건실에 가는 것을 어렵지 않게 여기는 경향이 있다. 그래서 보건 교사는 보건실을 자주 방문하는 아동을 파악하기 마련인데, 그런 아동 중 신체적 증상과 별개로 과도하게 보건실을 방문해 고통을 호소하는 아동이 있다면 심리적인 원인을 유추할 수 있고, 이런 경우 전문상담교사, 부모와 연계해 아동이 필요한 도움을 받을 수 있도록 안내할 수 있다.

다섯째, 지속적인 문제행동으로 학교관리자가 관심을 두고 보호 중인 아동으로, 가족상담을 권유받고 참여하기로 한 아동과 가족이 지원 대상이 될 수 있다. 학교관리자가 관심을 두는 학생의 경우는 학년마다 학교에서 부적응 행동을 지속해서 했을 경우가 많다. 그래서 해당 학생의 담임교사뿐만 아니라 교감 등의 학교관리자까지 관심을 두고 아동을 관찰하고 보호하고 지도하며 돕고자 하는 경우라고 할 수 있다. 학교 전체의 학급에서 발생하는 일 중에서 비교적 문제가 중한 사건은 각 담임교사가 학교관리자에게 보고하게 된다. 그 과정에서 학교관리자는 특정한 학생이 학년을 거치는 동안 지속해서 이름이 거론된다는 것을 알 수 있고, 학교관리자는 그 학생에게 자연스럽게 관심을 두게 된다. 이 과정에서 학교관리자는 그 학생을 돕기 위해 학교뿐 아니라 가족과의 연계가 필요하다고 판단할 수 있다. 그리고 이 경우에는 담임교사, 전문상담교사 또는 학교복지사 등과 협력해 부모를 포함한 아동을 지원하기 위해 가족상담을 제안할 수 있다.

2) 아동 지원을 위한 교사 협력체계 구축

학교에서 이렇게 다양한 아동들을 만나는 교사들 또한 여러 부류다. 담임교사를 비롯해 교과 담당 교사, 옆 반 교사나 학교 내의 불특정 교사, 학생들이 자주 찾아가는 보건교사, 전문상담교사, 학교복지사 그리고 교감 선생님과 교장 선생님 등이 있으며, 학생들은 학교생활을 하는 동안 여러 교사의 보호와 지원 아래 학교생활을 한다. 매일, 오랜 시간 만나는 교사가 있고, 가끔 만나는 교사가 있으며, 아동이 필요할 때 찾아가는 교사도 있고, 교사들이 필요하다고 생각해 아동을 만나려 하는 경우도 있다.

일반적으로 초등학교에는 보건교사가 상주하고 지역에 따라 학교복지사가 상주하는 경우도 있다. 그리고 전문상담교사가 상주하는 학교도 있고, 그렇지 않은 경우 몇 개 학교를 순회하며 주 중 몇 회씩 해당 학교에 근무하며 상담사의 업무를 보는 순회 상담사가 있는 학교도 있다. 그러므로 전문상담교사, 학교복지사, 보건교사는 한 아동을 지원하기 위한 팀으로 협력하기에 매우 바람직하다. 만약 학교 현장에서 이들 간의 협력이 적극적으로 이루어진다면, 거기에 아동의 담임교사와 이 팀을 적극 지지해 줄 관리자까지 참여하는 협력체를 꾸릴 수 있다면, 그 학교는 아동을 지원하는 좋은 시스템을 가졌다고 본다.

대부분의 초등학교는 학교적응에 어려움을 겪는 아동을 만나는 가장 가까운 사람은 아동의 담임교사다. 그리고 학교에 따라 학생들을 지원하기 위한 전문상담교사, 학교복지사가 되기도 한다. 학생이 학교생활을 하는 동안 그들이 하는 말과 행동, 태도는 드러나고, 만약 특별한 도움이나 지원을 필요로 하는 학생이 있다면 담임교사는 특정 도움이 필요한 곳으로 아동을 의뢰할 수 있다. 일반적으로 초등학교에서는 전문상담교사나 학교복지사에게 의뢰하는 경우가 많다. 그런데 이러한 아동을 지원하는 방식에 있어, 부모들이 가진 문제가 있는 양육방식을 변화시키는 것이 고려되어야 하고, 교사들 간의 협력, 교사와 또래집단, 학부모와의 연계 또한 필요하며, 가장 중요한 가족 환경에 대한 개입이 필요하다. 그러나 국내 초등학교에서 아동의 학교적응 지원을 위해 가족을 고려하는 경우는 찾기 어렵고, 학교와 부모가 아동을 바라보는 방식 또한 주로 아동이 문제적인 행동과 태도를 보일 때에 초점을 맞추는 문제중심적인 관점을 보이는 경향이 있다. 교실에서 문제를 일으키는 아동이라고 해서 학교부적응 아동이라고 낙인을 찍으면 곤란하다. 그리고 이들을 지원하고자 하는 노력은 여러 방면으로 이루어지는 것이 옳다.

학급, 보건실, 상담실이나 복지실의 사례관리 대상 아동 외, 여러 경로를 통해 가족상담을 지원하기 바라는 아동이 의뢰되면 전문상담교사 또는 학교복지사는 해당 아동에게 도움을 줄 수 있는 관련 교사들과 협력할 수 있는 체계를 갖추는 것이 좋다. 먼저 담임교사, 보건 교사, 관리자, 기타 아동의 가족상담을 의뢰한 상담의뢰자를 만나 아동에 대한 자세한 정보를 파악하고 아동의 어떤 점이 문제 되는지 듣는다. 그리고 아동의 문제행동으로 인해 해당 아동이 겪는 어려움, 같은 반 아동들의 반응이나 해당 아동이 끼치는 영향, 아동의 특성과 상황, 학급 및 가정환경 등을 파악한다. 그리고 아동의 부모와 어떻게 연계하고 협력할지 논의하는 등 아동을 지원하기 위한 방안을 마련하며, 아동 관련 교사들과 협조할 수 있는 협력체계를 구축한 후 외부 가족상담전문가에게 아동을 위한 가족상담을 연계한다.

3) 사전 면담 및 관계 형성을 통한 내담자 파악과 협력관계 구축

상담자는 학교 업무담당자 또는 상담 의뢰자와 면담을 통해 가족상담에 참여하기 희망하는 아동과 아동 가족의 상황을 파악한다. 그리고 해결중심 심리운동가족상담의 진행을 위한 상담 여건을 조성하는 등 상담의 전 과정을 협의한다. 아동이 학교에서 겪는 어려움, 아동의 행동이나 태도가 학교에서 어떻게 발현되는지, 아동이 속한 학급의 물리적·심리적 환경과 지원 체계, 학급 외의 아동 지원 체계, 아동을 바라보는 구성원들의 시각 등을 구체적으로 확인하고 해결중심 심리운동가족상담을 효율적으로 시행할 수 있는 구조를 만든다. 장소, 시간, 회기, 연락체계, 준비물 등 실제적인 해결중심 심리운동가족상담이 시행될 환경에 대해 업무담당자 역시 대강의 파악이 가능하도록 돕고 서로 협력체계를 구축한다. 또한, 아동을 지원하기 위해 아동 관련 교사들로 구성된 협력체계의 필요성을 전달해 지원단을 만들도록 요청한다. 그리고 무엇보다 업무담당자 또는 상담 의뢰자와 친밀감을 형성하고 긴밀한 연락체계를 만들도록 노력한다.

상담자는 학교기반 해결중심 심리운동가족상담에 참여하는 아동의 가족과 사전 면담을 통해 친밀감을 형성하며 이를 토대로 아동이 보이는 문제 및 이 상담에서 기대하는 바와 원하는 바를 파악한다. 또한, 해결중심 심리운동가족상담을 참여하는 것에 대한 동의를 구하고, 해결중심 심리운동가족상담에 참여하게 된 이유를 경청한다. 그리고 이 과정에서 부모와 아동의 관계, 전반적인 가족관계, 부모의 양육 태도, 부모나 아동, 또는 부모-아동 간 의사소통 방식, 아동이나 부모가 보이는 감정 조절이나 통제의 정도, 가족의 문제 등을 파악한다.

상담자는 해결중심 심리운동가족상담에 참여한 가족의 어려움을 해결하는 데 도움이 되는 심리운동 활동과 내용을 구성하여 이를 구체적으로 정리해 둔다. 상담자, 해결중심 심리운동 가족상담이 이루어지는 전체적인 일정, 심리운동을 활용한 해결중심 가족상담을 아동의 가족에게 전반적으로 설명한다. 상담자는 업무담당자와 아동의 가족과의 면담을 통해 아동의 문제 파악과 어려움을 듣는데 치중하기보다 아동의 문제 해결을 위해 활용할 수 있는 아동이나 부모 또는 가족의 자원, 아동의 주위 환경에서 활용 가능한 자원과 예외를 탐색하고 발견하기 위해 적극적으로 노력한다. 여기에는 아동의 가족뿐 아니라 학급의 상황, 담임, 그 외 학교의 다양한 자원과 학교 밖 지역사회의 가용 자원까지 포함한다. 상담자는 아동 및 아동의 부모와의 면담을 마치며 메시지를 전달한다. 여기에는 가족이 문제 해결에 대한 기대를 하고 다음 회기 해결중심 심리운동가족상담에 참여할 수 있도록 돕기 위해 공감과 지지, 격려와 칭찬이 포함된다.

4) 상담목표 설정

상담자는 아이의 부모와의 상담을 통해 상담목표를 설정하며, 설정된 목표에 대해 아동과 합의한다. 상담자는 부모와의 상담을 통해 상담 전 변화를 탐색한다. 부모와의 상담에 도움이 필요하다고 생각되는 경우 자료를 통해 부모의 현재 상황과 심적 상태 등을 들으며, 궁극적으로 자녀와 함께 참여하는 해결중심 심리운동가족상담을 통해 도달하기 원하는 구체적인 목표를 설정하도록 돕는다.

심리운동을 활용한 해결중심 가족상담에 아동이 참여할 때 시작 전에 우선 아동 상담을 먼저 시행하는데, 이때 아동에게도 해결중심 심리운동가족상담 진행 과정을 정리해서 기억하도록 알려주고, 부모와의 상담내용을 간략하게 요약해 주며, 부모가 설정한 상담목표를 안내하고 이 목표에 대한 아동의 생각을 듣고 반영한다.

5) 해결책 탐색 및 실행: E-A-R-S 절차 따르기

가족이 설정한 목표에 도달하도록 해결책 구축을 위해 해결중심 심리운동가족상담이 반복적으로 시행된다. 매 회기마다 지난 회기 이후 일어난 작은 변화를 탐색하기 위해 지난 회기에 주어진 과제(필수적이지 않음) 및 한 주 동안의 변화를 탐색하며,

그런 변화를 가져오기 위해 가족이 기울인 노력을 알아보고, 이에 대한 칭찬과 지지를 보낸다.

해결책 탐색 1(예외 탐색)의 과정에는 목표와 관련한 척도질문, 예외에 대한 탐색과 강화를 위한 질문, 문제가 조금이라도 적었던 상황 등에 질문 등을 통해 예외 상황을 찾고자 하며, 문제가 아닌 예외를 만들어 내는 데 있어 도움이 되었던 방법을 탐색한다. 그리고 예외를 탐색하고 확장하기 위한 이 과정은 이끌어내기(Elicit)-확대하기(Amplify)-강화하기(Reinforce)의 순서(E-A-R)로 진행된다.

매 회기 심리운동 활동을 활용한 상담을 진행하기에 앞서 아동을 상담한다. 부모와의 상담을 간략하게 아동에게 전달하고, 부모와의 상담 과정에서 확인한 아동의 노력, 예외, 변화에 대해 칭찬하며 이후 도입-전개-정리의 순서로 가족의 심리운동을 활용한 가족상담을 시행한다. 심리운동 활동은 가족의 문제 해결을 도울 수 있는 내용으로 구성되며, 매 회기마다 다르다. 또한 아동과 참여 가족의 변화 정도에 따라 활동을 변경하는 것이 바람직하다. 그리고 심리운동 활동을 변경하는 목적은 아동과 가족이 설정한 상담 목표를 향해 한 걸음 더 나아가도록 돕기 위해서다. 아동과 부모가 심리운동 활동을 하는 이 과정에서는 가족의 관계, 역동, 모델링, 학습 등이 긍정적으로 이루어지도록 한다.

심리운동 활동 활용이 끝나면 상담자는 해결책 탐색 2의 과정을 시행한다. 이는 상담 초반의 끌어내기(Elicit)-확대하기

(Amplify)-강화하기(Reinforce)의 순서(E-A-R)가 끝난 후 다시 시작하기(Start again)가 시작되는 지점으로, 심리운동을 통한 자원 탐색, 관계 파악, 예외 탐색, 변화 발견이 이루어지는 단계다. 가족이 심리운동 활동을 하는 동안 아동과 부모에게서 확인하거나 발견된 사항을 중심으로 E-A-R-S의 순서를 통해 예외를 확장하는 과정이다.

2회기부터 해결책 탐색 1(예외 탐색)을 위한 상담-심리운동 활동을 활용한 상담진행-해결책 탐색 2(심리운동을 통한 자원 탐색, 관계 파악, 예외 탐색, 변화 발견)의 과정이 끝나면 휴식 시간을 거친 후 상담자는 가족에게 메시지를 전달한다. 이 메시지에는 상담과 심리운동 과정을 통해 관찰하고 파악한 가족의 강점과 자원이 드러나고 칭찬과 지지가 포함되며, 필요에 따라 가족의 상담 목표 달성에 도움이 되는 과제를 제시한다.

6) 지원단 협의

상담자는 아동 지원을 위해 구성된 교사 지원단과 함께 협력 체계를 구축해 아동 가족이 참여하는 해결중심 심리운동가족상담에서 설정한 상담목표를 달성하도록 돕는다. 교사 지원단 협의는 해결중심 심리운동가족상담 모델에서 총 2회기 시행되는데, 지원단의 구성과 학교의 상황에 따라 회기를 늘리거나 줄일 수 있다. 만약 이 모델이 학교를 기반으로 이루어지는 경우가 아니라, 다양한 복지 기관이나 센터 등에서 심리운동사에 의해 서비스가 제공되는 경우라면, 대상 아동에게 영향을 끼칠 수 있는 위치에 있는 교사 혹은 사람들로 지원단을 구성한다. 예를 들어 해당 아동에게 서비스를 제공하는 심리운동사가 주축이 되고, 아동이 이동하는 데 도움을 주는 교사, 센터의 장 등 아동이 자주 만나는 센터나 기관의 주변인이 해당될 수 있다.

상담자는 우선 첫 번째 협의 시간에 다양한 내용에 관해 확인하도록 안내한다. 해결중심 심리운동가족상담을 소개하고, 심리운동 활동을 경험하도록 안내하며, 아동의 부적응 행동을 구체적으로 확인한다. 이후 상담자는 아동과 아동의 부모가 설정한 상담목표를 해당 아동의 담임과 관련 교사들에게 안내하여 가족이 목표에 이르도록 지원할 기회를 준다.

자문 및 협력(심리운동을 통한 예외상황 탐색, 변화 발견) 시간에, 상담자는 그간 교사가 학급이나 기타의 영역에서 활용해 왔던 방법을 확인하고, 상담자로부터 자문받기 원하는 내용이 있는지 확인한다. 끌어내기(Elicit)-확대하기(Amplify)-강화하기(Reinforce)-다시 시작하기(Start again) 과정을 통해 현재까지 그들이 사용했던 방법 중 해당 아동에게 가장 효과적이었던 예외를 탐색하며, 아동 성장을 돕기 위한 교사나 지원단의 역할을 함께 확인한다.

교사지원단이 이완하는 동안 상담자는 메시지를 작성해 지원단에게 메시지를 전달한다. 여기에는 필요에 따라 학급에서 심리운동을 활용해 할 수 있는 활동을 과제로 제시하는 것과 협의

회 활동에 대한 소감 나누기 및 상호 칭찬과 지지가 이루어지며, 필요한 경우 질의 응답이 이루어진다.

두 번째 지원단 협의 시간에는 첫 번째 협의 시간의 연장선에서 회기를 진행할 수 있다. 지난 협의회 시간 이후 현재까지 교사가 교실이나 기타의 공간에서 관찰한 해당 아동의 긍정적인 변화를 먼저 확인한 후, 이를 위해 해당 교사가 노력한 점을 구체적으로 확인한다. 이 과정을 통해 교사를 지지하고 격려하여 반복적으로 아동의 변화를 끌어낼 수 있도록 돕는다. 그 과정에서 교사가 노력한 것이 있다면 지지하고, 변화를 발견하지 못했다면 자세하게 변화를 관찰하는 태도의 중요성과 방법에 대해 설명한다. 긍정적인 부분에 초점을 맞추어 아동을 관찰하도록 돕고 아동의 긍정적 변화를 누적하여 기록하도록 안내한다. 교사가 학급에서 심리운동을 시도했다면 경험을 나누고, 이에 대한 학급 아동들의 반응을 나눔으로써 심리운동이 아동의 발달 단계와 특성에 적합한 활동임을 확인한다. 학교를 기반으로 이루어지지 않을 경우에도 이 과정은 그 기관이나 센터에서 지원단에 참여한 구성원들에게 학교에서 시행되는 과정에 준해 진행할 수 있다.

자문 및 협력(심리운동을 통한 예외상황 탐색, 변화 발견)의 과정에는 학생의 작은 변화에 대한 탐색을 시행한다. 이끌어내기(Elicit)-확대하기(Amplify)-강화하기(Reinforce)-다시 시작하기(Start again) 과정을 통해 아동에게서 발견한 긍정적인 변화나 이전과 다른 예외에 대한 탐색과 강화를 위한 질문을 시행한다.

지원단이 이완 활동을 하는 동안 상담자는 지원단을 위한 메시지를 작성하여 이완 활동 후 전달한다. 지원단 협의에 관한 소감을 듣고, 질의 응답 시간을 가진다. 지원단 활동에 관해 교사 간 상호지지와 격려 활동을 하며, 학급에서 활용 가능한 심리운동 활동 및 자료를 안내해 학급의 아동들과 심리운동 활동 경험을 공유하도록 돕는다.

7) 내담자의 변화 기록 및 정리

⑴ 내담자의 변화 관찰 및 기록

Ⅳ장에서는 해결중심 심리운동가족상담 모델이 학교를 기반으로 어떻게 활용될 수 있는지 보여준다. 학교에서 부적응 문제로 어려움을 겪고 있는 아동을 돕기 위해 학교에서 외부 가족상담전문가에게 가족상담을 의뢰해 시행되는 것을 가정했다. 그러므로 해결중심 심리운동가족상담자는 아동에게 중요한 주변인 특히 부모와 관련 교사들에게 아동이 이 상담 과정에서 보인 변화를 알리고, 상담 종결 이후에도 아동이 학교에서 긍정적인 변화를 유지하고 발전시킬 수 있도록 도움을 요청할 필요가 있다.

상담자는 아동이 속한 가정이나 학교 환경으로 돌아갔을 때 그 안에서 상담에서 비롯된 변화를 유지하고 집단의 구성원들과 긍정적인 관계 속에서 성장하는 데 도움이 되도록 노력을 기울여야 한다. 이를 위해 상담자는 아동과 관련한 기록을 주요 교사와 부모에게 전달함으로써 이를 도울 수 있다. 상담자가 기록한 아동과 관련한 정보에는 상담의 시작부터 종결까지 전 과정에서 관찰된 아동의 강점, 자원, 변화의 과정 등이 포함되며, 이 내용은 아동과 관련한 주요 주변인들에게 아동을 기존과 다른 관점에서 볼 수 있도록 돕는다. 그래서 아동이 성장하고 발달하는 그 환경 속 일상에서 만나는 중요한 타인이자 어른들이 더 긍정적 관점으로 아동의 행동을 보도록 안내하고, 결과적으로 아동의 생활 환경 안에서 아동이 긍정적 변화를 유지하며 성장하고 학교적응에 바람직한 영향을 주도록 돕기 위해서라도 변화의 기록은 필요하다.

아동의 변화에 관한 정보를 정리하기 위해 상담자는 다양한 방법으로 자료를 수집해 기록할 수 있다. 예를 들면 해결중심 심리운동가족상담에 참여하는 내담자의 모습을 영상으로 담거나 상담을 녹취하여 기록하는 것, 또 상담 과정에서 상담자가 던지는 다양한 해결중심 척도질문에 대해 내담자가 하는 응답 수치의 변화 추이를 기록하는 것이 예다. 그리고 아동, 부모, 담임교사, 전문상담교사나 학교복지사 등 상담에 참여한 대상과 관련인들을 상대로 아동의 변화에 관한 인터뷰를 시행하고 그 내용을 기록할 수도 있다. 그러나 중요한 것은 이러한 기록에 앞서 반드시 참여자인 아동과 부모, 인터뷰 대상에게 사전 동의를 구하고, 동의서에 서명을 받아두는 절차를 첫 면담과정에서 가지는 것이다. 또한, 변화의 과정을 기록하는 데 있어 아동의 강점, 자원, 긍정적인 변화가 상세하게 드러나도록 기록하는 것이며, 인터뷰를 진행할 때에도 가능한 한 아동의 긍정적 변화에 초점을 맞춘 질문과 그런 변화를 가능하게 했던 요소에 대해 다룬 내용을 상세하게 기록한다. 그래서 상담 종결 후의 학급과 가정에서도 이를 활용할 수 있도록 한다. 그러나 만약 어떠한 방식으로도 기록하는 것에 동의하지 않는 내담자라면 기록하지 않아야 한다. 그러나 그런 때에도 상담 과정에서 상담자가 중요한 내용은 메모할 수 있도록 양해를 구하고 동의를 이끌어 내도록 노력하는 것이 중요하다. 다음에 몇 가지 상담 과정을 기록하는 방법을 안내한다.

상담 중 50분 동안 시행되는 심리운동 활용의 모습을 확인하고 후속 회기에서 좀 더 안정적으로 시행하기 위해 활동 장면을 영상 녹화할 수 있다. 이미 언급 했듯이 사전 면담 시 영상녹화에 대한 안내 후 참여자의 동의를 받아야 한다. 그리고 영상 녹화를 통해 아동과 부모가 심리운동 활동에 참여할 때의 움직임, 표정과 태도, 대화 내용, 대화 톤, 신체적 접촉 모습 등을 확인할 수 있다. 영상 녹화를 통해 상세하게 관찰하고자 하는 내용은 참여 아동과 부모의 활동 모습, 표정과 태도, 대화 등이다. 또 상담 녹취 및 기록을 통해 아동에 관한 변화의 과정을 기록할 수 있다. 이 또한 사전 면담 시 내담자에게 상담 내용이 녹취될 예정임을 안내하고 이에 대한 동의를 받아야 가능하다. 녹취에는 가정에서의 아동, 부모나 내담자 가족의 모습, 가족 관계, 내담자들의 변화 정도, 학교에서의 아동 모습, 또래 관계의 변화 등 언어적인 상담 과정이 담길 수 있다. 또 매회기 상담 과정에서 파악된 아동과 부모의 작은 변화, 행동이나 표정, 자원과 예외상황 등에 대한 주요 내용을 기록할 수 있다. 이외에도 어떻게 그런 예외적 행동과 변화를 할 수 있었는지 예외와 변화에 대한 내담자의 반응과 해석, 회기별로 부모가 보고한 주관적 척도점수 등을 기록할 수 있다.

상담을 통한 내담자의 변화 정도를 확인하기 위해 척도질문을 활용할 수 있다. 척도질문은 해결중심상담 과정의 다양한 장면에서 사용되는 해결지향적 질문의 한 종류다. 척도질문은 상담자가 1~10점 척도를 제시한 뒤 질문의 내용에 대해 내담자가 스스로 평가하도록 하는 방법이다. 어떤 대상의 현재 상태나 정도 등을 '더 나빠질 수 없을 만큼 나쁜 상황이다(1점)', '아주 만족할 정도로 좋은 상황이다(10점)'와 같은 의미로 사용한다(김유순, 이국향, 2010). 척도질문은 상담자와 내담자가 처음 목표설정을 하는 초기 단계를 비롯하여 상담 전 변화, 매 회기 내담자들의 변화 정도, 목표달성 정도, 미래 변화 가능성, 노력 가능성, 현재 상태, 관계성 질문 등에 대해 내담자가 스스로 자신의 정도를 평가하는 데 사용된다. 해결중심 심리운동가족상담 모델에서는 척도질문을 내담자 자신이 설정한 상담목표 달성 정도에 관해 부모 내담자가 척도점수를 부여하도록 하거나 아동 관련 교사들로부터 아동의 변화를 확인하기 위한 방식으로 사용했다. 그러나 척도질문은 상담의 효과를 확인하거나 상담에 도움을 주기 위해 다양한 대상에게 다양한 장면에서 융통성 있게 활용할 수 있다. 해결중심상담에서 사용하는 척도질문의 결과 내담자가 응답하는 척도점수는 내담자가 상담이 진행되는 동안의 변화를 확인할 수 있도록 해주는 평가 기준으로 사용된다.

아동의 변화를 확인하기 위해 상담 종결 후 가족상담에 참여했던 아동의 담임교사, 전문상담교사, 학교사회복지사 등과 인터뷰를 시행하여 추가 정보를 얻을 수 있다. 이들과의 인터뷰 또한 시작 전에 내용 녹취에 대한 사전 동의를 받아야 하고, 반구조화된 질문지를 사용하여 시행하는 것이 좋다. 인터뷰 질문의 내용은 해결중심 심리운동가족상담에 참여한 아동의 평소 부적응 행동의 내용, 가족상담 참여 후 아동의 변화된 행동, 아동의 변화에 도움이 되었다고 판단되는 것, 아동의 변화된 행동 유지에 도움이 될 것으로 판단하는 교사로서의 행동이나 지원, 그 외 해당 아동을 위해 필요하다고 생각되는 도움이나 지원 등을 내용으로 한다. 이미 언급했듯이 질문의 내용은 아동의 변화를 확인하기 위한 내용과 아동의 중요한 주변인으로서 교사 자신의 영향력을 인식시키기 위한 내용으로 구성되는데, 이는 아동의 학교적응에 지속해서 도움을 주려는 것이다.

(2) 내담자의 변화 정리

수집된 자료를 활용하여 해결중심 심리운동가족상담에 참여한 내담자의 변화를 확인하고, 상담 과정에 활용된 심리운동 시간의 내담자의 모습을 알아볼 수 있다. 먼저 내담자의 변화를 알아보기 위해 상담 녹취내용과 관련 교사 인터뷰 녹취내용을 전사하고, 부모의 척도점수를 활용한다. 전사는 음성 파일을 텍스트로 변환시켜 주는 프로그램을 활용할 수 있다. 예를 들어 현재 네이버의 클로바노트를 활용하면 녹음에 포함된 목소리별로 구분해 내용을 모두 문자로 변환하는 것이 가능하다. 또 Google 프로그램을 활용하면 쉽게 상담 녹취 내용을 전사할 수 있는데, 자동으로 음성을 변환하는 과정을 지켜보면서 텍스트 입력이 잘못될 경우 프로그램을 정지시키고 수정한 후 작동시키는 것을 반복하면 도움을 받을 수 있다. 이 외에도 다양한 텍스트 변환 프로그램이 있으므로 필요에 따라 활용 가능할 것이다. 심리운동에 참여하는 내담자의 모습을 확인하기 위해 심리운동 활동 영상을 반복해서 재생할 수 있다. 영상분석은 영상저장, 영상출력, 영상편집, 영상처리 및 영상분석의 과정을 거칠 수 있는데, 영상을 전체적으로 여러 번 보기와 필요한 장면을 부분적으로 선택하여 보기를 반복하면서, 참여 아동과 부모의 심리운동 활동 모습, 표정과 태도, 대화 등을 관찰하고 이를 정리할 수 있다. 상담 및 인터뷰 전사 자료, 영상에 관한 기록은 일정한 틀에 의해 기록해 두는 것이 좋다. 그리고 자료는 도구를 활용해 분석할 수 있다. 예를 들어 Creswell(2007/2010)이 구성한 연구접근방법 개념틀을 토대로 정리할 수 있는데, 자료정리, 읽기와 메모, 기술, 분류, 해석, 제시 및 시각화의 절차를 따라 분석하고 해석하며, 부모의 척도점수는 표와 그래프로 나타내어 정리해 두면 파일을 열었을 때 내담자에 대한 변화의 과정과 상담의 결과를 더 쉽게 확인할 수 있다. 이 외에도 다양한 분석 도구들이 있으므로 필요에 따라 활용할 수 있다.

8) 아동의 변화 공유하기 및 변화 공고히 하기

상담과 인터뷰한 것에 대해 상담자가 분석하고 정리한 결과를 내담자의 부모, 전문상담교사, 아동의 담임교사 등으로부터 내용을 확인받고, 최종 정리한 아동 관련 기록을 이들과 공유한다. 특히 아동의 변화를 상담 종결 이후에도 공고히 하기 위해 아동의 변화를 확인하고 그 변화를 강화하는 것이 좋다. 아동의 변화 기록을 전달하기 위해 부모와 만났다면 가족이 설정했던 상담목표 달성 정도, 내담자가 만들어 낸 변화를 확인한다. 그리고 상담에 참여하는 동안 경험한 자신과 가족의 변화와 더 나아진 점에 대해 되짚어 본다. 이 과정에서 이를 가능하게 했던 이유를 찾고, 상담을 통해 변화하고 노력한 것, 변화에 효과 있었던 방법을 상담 종결 이후에도 계속하도록 지지한다. 또 기록한 내용을 토대로 해당 아동의 담임교사, 상담교사 등과 만날 때, 이들로부터 아동의 변화에 관한 피드백을 듣는다. 그리고 이들이 아동의 중요한 지지 자원으로써 상담 종결 후에도 학교와 가정에서 아동이 지속해서 변화를 유지하며 성장, 발달하며 성공적으로 학교적응을 하도록 협력을 요청한다. 마지막으로 이들에게는 필요한 경우 후속 상담에 대한 가능성이 언제든 열려있음을 안내한다.

02

해결중심 심리운동가족상담
모델 적용의 효과

해결중심 심리운동가족상담을 학교에 적용한 연구의 예를 통해 이 모델을 현장에서 적용하는 경우 상담의 장면에서 어떤 효과를 가져 오는지 살펴보고자 한다. '해결중심 심리운동가족상담 모델 적용의 효과'의 내용은 필자의 박사학위 논문 '심리운동 기반 해결중심 가족상담 모델 개발 및 효과 - 학교부적응 아동을 대상으로-'를 통해 밝혀진 결과를 중심으로 정리한 것이다. 이 연구의 결과를 통해 해결중심 심리운동가족상담 모델을 초등학교에서 시행했을 때, 어떤 효과를 기대할 수 있을지 가늠할 수 있을 것이다. 또한, 다양한 심리운동 서비스 기관이나 센터에서 심리운동사들이 이 모델을 적용한다면 어떤 효과를 얻을 수 있을지 유추해 볼 수 있을 것이다. 이 책에서는 결과 위주로 내용을 간략하게 소개하였으니, 보다 자세한 내용이 궁금한 독자들은 필자의 논문을 참고하면 좀 더 구체적이고 풍부한 정보를 얻을 수 있을 것이다.

1) 연구의 개요

'심리운동 기반 해결중심 가족상담 모델 개발 및 효과 - 학교
부적응 아동을 대상으로-' 연구의 목적은 교육 현장에서 학교부
적응 아동 지원을 위해 활용할 수 있는 효과적인 상담 방법을
찾는 데 있었다. 이러한 목적을 달성하기 위해 해결중심 가족
상담을 바탕으로 다양한 심리운동적 요소와 특성을 포함한 해
결중심 심리운동가족상담 모델을 개발, 시행한 후 이 모델의 효
과를 분석하였다. 해결중심 심리운동가족상담 모델을 개발하
기 위해 선행연구를 통한 문헌을 고찰하였고, 이를 바탕으로 해
결중심 심리운동가족상담 모델 시안을 구성하였다. 일차적으
로 구성된 모델의 시안에 대해 타당도 검증을 위한 전문가 의견
수렴, 예비 연구를 거쳐 상담목표, 상담 과정, 상담기법, 상담자
의 역할이 포함된 해결중심 심리운동가족상담 모델을 개발하였
다. 이후 모델의 효과를 검증하였는데, 이러한 모델의 효과 검
증 결과를 이 장에서 설명한다.

해결중심 심리운동가족상담 모델의 효과검증 대상은 학교부
적응으로 의뢰된 아동 7명과 아동의 부모 중 한 명으로 이루어
진 일곱 가족이었다. 아동과 부모의 가족상담 연구 참여는 담임
교사, 전문상담교사, 학교복지사, 보건교사, 학교관리자의 권유

를 통해 부모가 동의하는 절차를 거쳐 이루어졌다. 해결중심 심리운동가족상담은 사전준비 및 관계 형성, 목표설정, 해결책 탐색 및 실행, 종결의 절차 순서에 따라 진행되었으며, 사전 면담 회기와 추후상담 회기를 포함해 총 11회기 시행되었다. 상담 참여자들의 변화를 확인하고, 상담 과정에 활용된 심리운동의 효과를 분석하기 위해 수집된 자료를 Creswell(2007/2010)이 구성한 질적 연구접근방법 개념틀을 토대로 자료정리, 읽기와 메모, 기술, 분류, 해석, 제시 및 시각화의 절차를 따라 처리하였다. 그 후 이 분석을 위해 정리한 상담내용과 인터뷰 내용의 기록과 영상에 대해 참여 부모, 전문상담교사, 아동의 담임교사들로부터 내용을 확인받아 수집 내용의 정확성을 기했다. 그리고 이 자료를 바탕으로 분석한 일차적 결과에 대해 심리운동 전문가 3인과 동료 가족상담 전문가 3인으로부터 확인받아 내용의 타당성을 확보하였으며, 추후 분석 결과에 대해서도 전문가 그룹의 검증을 거쳤다. 아래는 이 모델에 대한 검증 결과다. 먼저 참여 아동, 참여 부모의 변화를 설명하였다. 그리고 해결중심 가족상담에 심리운동을 활용하였을 때 심리운동을 활용함으로써 상담에서 어떠한 효과를 볼 수 있었는지 설명하였다.

2) 연구의 결과

(1) 참여 아동의 변화

해결중심 심리운동가족상담 모델의 검증 결과는 다음과 같다. 먼저 아동의 변화를 살펴보면, 상담에 참여한 결과 가족상담 의뢰 시 호소하던 아동의 부적응 행동이 모든 참여 아동에게서 감소하고, 적응 행동이 증가하는 것으로 확인되었다. 그리고 상담 참여 아동에게서 가족관계 향상, 친구관계 향상, 긍정적인 의사소통, 자신감 향상의 네 항목에서 공통된 변화가 확인되었다.

〈표 IV-1〉 심리운동 기반 해결중심 가족상담 참여 아동의 변화

요인	범주	주제	상담 참여 후 아동의 변화
환경	가정	가족 관계	부모나 가족 간 친밀감 표현이 증가하고, 가까워졌으며, 관계가 좋아짐
	학교	의사 소통	가족 및 친구들과의 의사소통에 있어 자기주장만 하지 않고 말을 듣고 기다리며, 짜증, 화, 분노, 마찰이 줄고, 잘못을 인정하며, 허락을 구하는 모습을 보임
		친구 관계	친구들과 마찰이 줄고 양보하고 친절하게 대하며, 친구를 사귀기 시작함
개인	심리	자신감	• 잘 웃고, 표정과 성격이 밝아졌으며, 인사를 잘하고, 새로운 시도를 하는 등 활발해짐 • 목소리가 커지고, 당당하고 적극적으로 행동하며, 잘하려고 스스로 노력하는 모습을 보임

(2) 참여 부모의 변화

척도점수를 통해 상담에 참여한 부모의 상담목표 도달 정도를 확인한 결과, 참여 부모는 상담횟수가 증가할수록 자신이 설정한 상담목표에 접근하는 것으로 확인되었다. 그리고 상담 참여 부모에게서 감정조절의 향상, 긍정적 관점으로의 변화, 편안함,지지받음, 양육 태도 개선, 아이에게 선택권을 부여함, 가족관계가 좋아짐의 일곱 항목에서 유의미한 공통된 변화가 나타났다.

<표 Ⅳ-2> 심리운동 기반 해결중심 가족상담 참여 후 부모의 변화

요인	범주	주제	상담 참여 후 부모의 변화
심리	자신	감정조절	화를 내거나 소리 지르지 않고, 차분하게 이야기함
		관점변화	아동, 가족의 행동이나 사태에 대해 더 긍정적으로 바라보게 됨
		편안함	여유가 생기고 마음이 편해짐
		지지	상담 과정에서 위로받고, 어려움을 극복해 온 자신을 대견스러워함
환경	가족	양육 태도	이전과 비교하면 아이를 키우는 것에 대해 더 여유로워지고, 자신을 가지며, 아이를 기다려 줌
		선택권	아이에게 의견을 묻거나 선택의 기회를 줌
		가족 관계	아이와의 관계뿐만 아니라 전반적으로 가족관계가 좋아져, 가족 구성원들은 서로를 위해주고 배려해주며, 상대의 입장에서 이해하려고 노력하는 모습을 보임

(3) 심리운동 활용의 효과

가. 아동에 대한 심리운동 활용의 효과

해결중심 가족상담에 심리운동이 활용된 효과를 분석한 결과 심리운동은 아동에게 호기심과 흥미를 자극함으로써 자발적으로 움직이게 하는 등의 동기를 유발하고, 성취 경험, 능력 인정, 칭찬받는 경험을 통해 자신감이 상승하는 것으로 나타났다. 그리고 활동 과정에서 아동에게 시도, 탐색, 조절, 환경구성, 선택과 결정을 할 수 있도록 주도권을 부여하며, 아동이 유능감을 가지고 자신 있게 행동하고 타인을 배려할 수 있도록 하며, 활동에서 기쁨과 재미를 느끼도록 하는 등 즐거움을 주는 것으로 나타났다.

<표 IV-3> 아동에 대한 심리운동 활용의 효과

범주	주제	소주제	심리운동 활용의 모습
아동	동기 유발	호기심	심리운동 도구를 접하게 되었을 때 흥미와 관심을 가지고 접근함
		자발성	아동 스스로 도구를 운반하거나 조작하는 등 적극적으로 움직임
	자신감 상승	성취, 경험	심리운동 활동 과정에서 아동이 크고 작은 성공과 성취감을 경험하도록 함
		능력, 인정	심리운동 도구를 활용하거나 활동하면서 부모와 상담자에게 잘하는 모습을 보이도록 함
		칭찬	활동 과정에서 상담자나 부모로부터 긍정적인 피드백을 받을 기회를 제공함

아동	주도권 부여	시도	주어진 과제를 해결하기 위해 스스로 방법을 찾고 도전할 수 있도록 함
		탐색	조건과 도구 및 환경 안에서 아동 스스로 활용 가능한 방법과 자원을 찾아내도록 함
		조절	자신이 할 수 있는 정도를 스스로 판단하고 조율하도록 함
		환경 구성	과제 해결을 위해 가용 자원을 활용하고, 자신의 의도대로 상황을 자유롭게 만들 기회를 제공함
		선택과 결정	주어진 자료와 과제 해결 과정에서 색깔, 크기, 시작 위치, 순서 등 자신의 기호나 생각대로 선택하고 결정할 기회를 제공함
	유능감	자신감	심리운동 도구나 활동 방법에 대한 설명을 들을 경우 자신도 할 수 있고, 부모보다 더 잘할 수 있다는 반응을 함
		배려심	부모의 활동 모습에 관심을 보이며 부모를 독려하거나 잘한다고 칭찬함
	즐거움	기쁨	학교에서 부모와 함께 재미있는 활동을 하는 것을 좋아함
		재미	활동을 재미있게 생각하고, 계속하고 싶어하는 표현을 함

나. 부모에 대한 심리운동 활용의 효과

부모에게 있어 심리운동은 인정받기, 대화방식, 관계 맺기, 긍정적 관점에 관한 경험을 하도록 하고, 자녀의 새로운 모습을 발견하도록 하며, 자녀와 자신에 대해 자랑스러움을 느끼고, 자신의 양육 태도를 반성하도록 하는 것으로 나타났다.

범주	주제	소주제	심리운동 활용의 모습
부모	경험	인정	심리운동 활동 과정에서 아동의 부모로서, 문제를 해결해 나가는 개인으로서 칭찬과 지지 및 격려를 통해 인정받음
		대화 방식	자신의 방식과 다른 의사소통 방법을 관찰함
		관계	아동이 자신과 다른 방식으로 타인과 관계를 맺는 것을 경험함
		관점	아동, 자신, 사건 등에서 문제와 단점 중심이 아닌 해결 중심 강점관점의 해석을 경험함
	발견	새로운 모습	아동이 교사와 상호작용하는 태도와 심리운동 활동을 하는 모습을 보면서 아동의 새로운 모습을 발견함
	자랑 스러움	자녀	심리운동 활동을 하는 아이의 모습을 지켜보면서 잘한다고 표현하며 뿌듯해 함
		자신	아이가 칭찬받는 모습을 보면서 아이를 키운 부모로서 자부심을 느낌
	반성	양육 태도	아이에 대한 자신과 상담자의 태도를 비교하면서 자신의 양육 태도에 대해 반성하는 모습을 보임

다. 아동 및 부모에 대한 심리운동 활용의 효과

아동과 부모에게 공통으로 나타난 심리운동 활용의 효과는 그들이 있는 그대로 자신을 표현하고 이해받고 수용되는 경험을 제공하며, 소통하는 법을 배우고, 모델링하며, 새로운 방식을 시도하도록 하고, 적용한 모습을 확인하고 수정할 수 있도록 하는 학습의 기회를 제공하는 것으로 확인되었다. 또 해결의 실마리를 제공하는 효과가 있었는데, 활동 과정에서 긍정적 관점을 발견하고, 강점과 자원 및 문제가 발생하지 않는 예외상황을 탐색하도록 하며, 이를 토대로 해결책을 발견할 수 있도록 하는 것으로 나타났다.

<표 Ⅳ-5> 아동 및 부모에 대한 심리운동 활용의 효과

범주	주제	소주제	심리운동 활용의 모습
아동 및 부모	수용 경험	자기 표현	부모와 아동이 심리운동 활동에 집중하면서 숨김없이 있는 그대로의 감정이나 생각 등 자신을 표현하도록 함
		이해 받음	활동 과정 중 잘하거나 못하는 것에 상관없이 부모와 아동이 하는 행동은 지지받고 이해됨
	학습	소통	아동과 부모에게 의사소통 방법, 칭찬 등 긍정적 관계를 구축하는 방법을 배우는 기회가 됨
		모델링	활동 과정에서 상담자와 아동의 상호작용, 의사소통 방법 등을 배우고 따라 할 기회를 제공함
		시도	활동 과정 중에 학습하고 모델링한 대화방식 등을 실제로 사용해 볼 수 있도록 함
		수정	새로운 방식이 적용되는 것을 활동 과정에서 확인하고 수정할 수 있도록 함
아동 및 부모	해결의 실마리	긍정적 관점	활동을 통해 아동과 부모에게 과거 부정적인 시각에서 벗어나 문제가 아닌 점을 발견하도록 함
		탐색	참여자의 변화, 강점과 자원, 문제가 발생하지 않는 예외상황을 탐색할 수 있는 열린 관찰의 기회를 제공함
		해결책 발견	활동 중 참여자의 강점과 자원 및 예외상황을 발견함으로써 해결책 구축의 실마리를 제공함

라. 교사에 대한 심리운동 활용의 효과

또한, 심리운동의 긍정적 영향으로 교사들에게서는 아이들을 위해 심리운동 운영을 위한 시설이 생기기를 기대하며, 심리운동을 배울 수 있는 자격과 방법에 대해 질문하고 호기심을 나타내는 등 관심을 보이는 것이 관찰되었다.

교사	제공	아동중심	심리운동 도구나 활동이 아이들이 좋아하고 재미있어할 요소가 많다고 생각함. 또 심리운동이 아이들에게 적합하므로 아이들에게 참여할 기회를 주고 싶어함
		기대	학교에 심리운동 도구나 시설이 갖춰져서 아이들이 활용할 수 있으면 좋을 것 같다고 표현함
	관심	질문	심리운동을 배울 수 있는 자격이 정해져 있는지, 자신도 배울 수 있는지 질문함
		호기심	심리운동을 배울 수 있는 곳이 어딘지 궁금증을 자아냄

(4) 상담 모델 개발에 관한 함의

이 연구를 통해 개발된 해결중심 심리운동가족상담 모델은 상담목표, 상담 과정, 상담기법, 상담자의 역할로 구성되었다. 또한, 학교부적응 아동을 지원하기 위한 상담 과정에 심리운동의 특성을 활용함으로써, 대화중심접근의 특성을 가진 해결중심 가족상담의 한계를 보완하고, 참여자들이 원하는 목표에 도달하도록 하는 효과적인 적용 방법임이 확인되었다. 연구 결과를 중심으로 학교기반 해결중심 심리운동가족상담 모델 개발에 관련한 함의를 살펴보고자 한다.

첫째, 학교부적응 아동을 대상으로 한 해결중심 심리운동가족상담 모델은 해결중심 가족상담의 한계를 보완하기 위해 목표, 상담 과정, 상담기법, 상담자의 자세에서 심리운동 활용에 관한 내용을 통합하여 구성되었다. 이는 대화를 위주로 진행하는 해결중심 가족상담의 특성을 보완하고 아동에게 적합한 심리운동적 특성과 요소가 해결중심 가족상담 과정 안에서 효과적으로 작용하고 반영되도록 하기 위한 것이다. 이 모델은 학교 부적응 아동 지원을 위한 해결중심 가족상담에 심리운동을 활용함으로써 아동들에게 다양한 경험을 통한 성취감과 능력을 인정받을 기회를 제공하도록 하였다. 또 아동에게 흥미를 자극하고 호기심을 유발할 수 있는 다양한 심리운동 도구와 자료를 활용함으로써 아동이 즐겁고 재미있게 참여할 수 있도록 하였다. 그리고 대화보다는 상담 과정에서 신체경험, 물질경험, 사회경험을 내용으로 하는 움직임 활동을 통해 아동 스스로 시도하고, 탐색하며, 문제를 해결해 나가고 스스로 작은 선택과 결정을 함으로써 주도권을 행사하도록 구성하였다. 관찰과 열린 진단 및 심리운동을 통한 개입 기법과 협력과 중재의 기법은 이 모델에서 사용하는 독특한 상담기법이다. 이 상담 모델에서 심리운동의 관찰과 진단 방법은 참여자들의 자원과 강점을 발견하고, 이들에게 어려움이 나타나지 않는 예외적 상황을 탐색하는 방법으로 활용되었는데, 이는 내담자들이 역경을 스스로 극복할 자원과 힘을 이미 가지고 있다고 보는 해결중심접근의 철학과 잘 부합된다. 이 논문에서는 진단을 내리고자 하는 목적이 아니라 가족의 심리운동 활동 관찰 시 강점, 자원, 문제 해결의 실마리가 될 예외상황 등을 발견하고, 상담자가 선입견이나 확신을 배제한 열린 진단을 하는 데 활용되었다. 협력과 중재의 기법은 내담자가 목표를 달성할 수 있도록 상담의뢰자와 가족, 부모와 아동, 부모와 교사, 지원 교사 간의 신뢰 관계를 구축하고 효과적인 의사소통에 도움을 주기 위해 사용되었는데, 이는 아동의 학교부적응 문제를 돕기 위해서는 학생 당사자에 대한 단편적인 개입보다는 아동의 주요 주변 환경의 자원을 이끌어 내어 활용하는 것이 중요하기 때문이다.

둘째, 해결중심 심리운동가족상담 모델은 학교부적응 아동을 지원하기 위해 아동에게 있어 주요한 영향을 미치는 관계를 고려하였다. 아동의 문제 해결을 위해 가족상담이 시행되고, 해결중심접근이 활용되었으며, 학교와 연계하였다는 점은 김희정(2007)의 연구방법과 비슷한 맥락의 접근이다. 다만 김희정(2007)의 경우 미국 도시 근교의 공립 초·중등학교에 설치된 가족지원센터(Family Support Center)에서 4회 이상 상담에 참여한 아동과 가족을 대상으로 하였다는 점, 이 연구는 국내연구로서 일곱 사례를 대상으로 심리운동을 활용하여 얻은 결과라는 점에서 차이가 있다. 이 논문에서 가정과 학교를 고려한 부분은 학교부적응 완화를 위해서는 부모의 문제적인 양육방식을 변화하는 방안이 함께 고려되어야 하고, 학생 교육과 지도를 위한 교사들의 공조와 협력적인 노력이 더욱더 중요하다고 한 이지현(2015)의 연구, 상담에서 아동이 목표를 세우고 성취해 나가는 데 있어 교사와 또래집단, 학부모와의 연계가 이루어져야 한다는 조희주(2016)의 연구결과가 반영된 모습이다. 또 이 모델의 검증결과 부모의 변화와 아동의 변화가 동시에 나타났는데, 이러한 결과는 아동 지원을 위해서는 아동의 가장 중요한 가족환경에 대한 개입이 필요하다는 신선인과 김민지(2014)의 주장을 지지하는 결과로 볼 수 있다.

셋째, 해결중심 심리운동가족상담 과정은 일반적인 해결중심 가족상담의 구조와 유사하지만, 학교를 중심으로 시행되고, 사전상담의 중요성을 강조한 점, 해결책 탐색 및 실행단계에서 교사지원단과의 상담자문 시간을 2회기 운영한 것, 1회기 상담시간을 90분으로 구성하여 50분을 심리운동 활동을 진행한 점에서 차이가 있다. 사전상담의 중요성을 강조한 점과 교사지원단과의 상담자문 시간을 운영한 것은 학교부적응 아동에게 효과적으로 개입하기 위한 이 모델의 독특한 상담구조다. 학교에서 교사들 간 협력적 개입은 아동을 지원하기 위한 중요한 이슈지만, 교육 현장에서는 부적응 아동을 담임교사가 전문상담교사에게 의뢰하는 정도로 이루어지고 있는 모습이다. 아동의 변화는 교사들의 도움과 협력의 기반 위에서 유지되고 강화될 수 있다는 점을 인식하고, 협력과 지원과정 속에서 교사들에게 아동의 문제보다 해결중심접근을 할 수 있도록 안내하는 것이 중요하다. 협력의 과정에서 중요한 점은 교사들 역시 아동의 행동문제로 인해 어려움을 겪고 있고, 이를 해결하기 위해 오랫동안 애써온 사람들이라는 것을 인정하고 존중하는 태도를 보이는 것이다. 특히 그동안 교사가 취한 방식이 아동의 문제행동을 악화시켰다거나 방법이 잘못되었다는 느낌을 전달하지 않도록 하는 것은 해결중심 심리운동가족상담 모델의 상담기법에 기초해 협력과 중재를 시작하는 태도다. 해결중심 심리운동가족상담 모델의 1회기 상담시간을 90분으로 구성한 것은 심리운동

을 활용하여 상담 효과를 높이려는 의도에서 비롯되었다. 일반
적인 해결중심 가족상담의 1회기 상담시간은 50~60분으로 이
루어진다. 해결중심 집단상담프로그램의 효과에 관한 메타분
석을 시행한 박정임(2014)은 초등학생의 학교적응능력을 향상
시키기 위해서는 집단상담의 '총회기'는 늘리고, 회기 당 시간
은 100분 이상을 시행하는 것보다는 50분~60분을 시행하는 것
이 필요하다고 보았다. 그런데 이 모델의 상담 시간은 90분으
로 구성되었지만, 참여 아동들이 참여도가 떨어지기보다 활동
을 즐거워하고 적극적으로 참여하며 상담이 종료되는 것을 아
쉬워하는 반응에 비추어 보아 이 연구의 결과는 박정임(2014)의
연구결과와 다르다. 이러한 차이가 나타난 이유를 살펴보면, 박
정임(2014)의 경우 집단상담이 분석대상이었던 반면 이 연구는
심리운동을 기반으로 한 가족상담이라는 점에서 효과크기가 다
르게 나타났을 수 있다. 그리고 집단상담과 가족상담이라는 구
분을 하지 않고 보았을 때, 아동이 상담에 참여한 시간은 70분
으로 박정임(2014)의 연구결과와 비슷한 시간이기 때문에 이 모
델에서 기준으로 한 90분의 상담에서도 아동의 상담 효과가 지
속된 것으로 판단된다.

03

해결중심 심리운동가족상담 모델
학교 적용에서 고려할 점

    해결중심접근법을 토대로 심리운동의 움직임 활동과 요소를 통합한 해결중심 심리운동가족상담 모델은 학교부적응 아동과 그에 준하는 대상과의 상담에 심리운동을 적극적으로 활용할 수 있다는 것이 확인되었다. 그리고 학교를 기반으로 하는 가족상담을 시행할 경우 가족을 상담에 포함하고, 학교와의 협력을 고려하는 것이 효과적이라는 사실을 알 수 있었다. 이는 해결중심 가족상담, 아동에게 적합한 심리운동, 그리고 이 둘을 통합한 해결중심 심리운동가족상담이 학교를 중심으로 한 아동 지원의 효과적인 방법으로 활용될 가능성을 보여준다고 할 수 있다. 그러나 이 모델을 학교에서 실제로 적용하고자 하는 경우 몇 가지에 대해 사전에 인지하고 준비하는 것이 좋다.

    해결중심 심리운동가족상담은 상담과 심리운동의 접점에 있다. 그러므로 이 모델이 좀 더 활발하게 사용되도록 하기 위해서는 심리운동과 해결중심 가족상담을 능숙하게 사용할 수 있는 인력을 확보할 수 있도록 교육하고 훈련할 수 있는 프로그램이 개발되고 시행될 필요가 있다. 해결중심 가족상담사나 해결중심 가족상담전문가가 심리운동을 활용한 가족상담을 시행하게 된다면 유아나 아동이 포함된 상담에서 원하는 변화를 빠르게 확인하는 효과를 얻을 수 있을 것이다. 심리운동은 아동들에게 활용하기 적합해서 다양하게 활용될 수 있는 장점이 있기 때문이다. 그리고 학교에서 심리운동을 활용한 상담이 시행된다고 가정했을 때, 상담이 좀 더 원활하게 이루어지도록 조력한다면 효과적일 것이다. 이를 위해 학교에서는 전문상담교사나 일반 교사들을 대상으로 심리운동에 대한 이해를 돕기 위한 일련의 프로그램을 제공하는 것도 효과적일 것이라고 본다. 예를 들어 교사들을 위한 심리운동 연수가 개설되고 활성화되면 교사들은 일반 학급 내의 교육과정에도 이를 활용할 수 있을 것이다. 그뿐만 아니라 상담사로부터 심리운동을 활용한 상담을 학급의 아동이 받는다면 그 과정을 이해하고 도울 수 있을 것이다. 그러므로 교사 특히 아동을 수시로 만나고 도움을 줄 수 있는 여건에 있는 일반교사들이 심리운동에 대해 좀 더 이해하고 효과성을 신뢰할 수 있도록 지원할 필요가 있다.

이 연구를 통해 이 모델이 학교를 중심으로 한 아동 지원의 효과적인 방법으로 활용될 수 있다는 것을 알 수 있었다. 앞으로 이 모델을 활용한 다양한 연구과 실용적인 프로그램이 학교 현장에서 시행되기를 바란다. 다만 해결중심 심리운동가족상담을 실행하기 전에 몇 가지 여건을 고려하는 것이 필요하다.

첫째, 상담이 시행될 공간에 대해 계획할 필요가 있다. 일반적으로 초등학교의 상담은 교내에 별도의 상담실이 있을 때는 상담실에서 이루어지고, 그렇지 않으면 상담이 필요할 때마다 임의로 공간을 확보해서 활용할 수 있다. 움직임을 활용하는 심리운동의 특성에 비추어 적어도 교실 한 칸 크기 정도의 공간이 필요한데, 심리운동 활동을 시행할 때 사용하는 공간의 범위가 다양하므로 내담자와 상담자의 활동 범위를 제한하지 않도록 넓을수록 좋다. 일반 초등학교의 교실 한 칸의 크기는 거의 규격화 되어 있다. 그러나 가능하다면 심리운동은 아동들의 활발하고 적극적인 움직임을 돕기 위해 규모가 큰 공간에서 시행되는 것이 좋다. 심리운동의 활동은 매우 다양한데, 때론 강당 크기의 공간에서 이루어지는 활동도 있다. 그러므로 이런 것을 고려해 심리운동을 활용한 가족상담을 시행하기 위해서는 사전에 상담이 시행되는 학교 또는 기관과 협의하여 상담 장소 또는 공간을 계획해야 한다.

둘째, 이 모델을 적용하기 위해 다양한 심리운동 도구를 갖출 필요가 있다. 가능하다면 최대한 전문적인 심리운동 도구가 갖추어진 또는 심리운동 활용에 활용할 수 있는 다양한 도구가 갖추어진 넓은 크기의 공간을 갖출 수 있다면 매우 도움이 된다. 아동들은 어떤 물체든 놀잇감으로 만드는 창의성이 있다. 심리운동실이 마련되지 않는 학교 여건상 기본적인 심리운동 도구만 주어져도 아동들은 이에 강한 호기심과 흥미를 보이고 관심을 둔다. 초등학교에서 실제로 적용해 본 결과도 마찬가지였다. 스윙호스, 신문지, 빨래집게, 풍선과 풍선 채, 색깔 천, 로프, 짐볼, 페달로, 롤브렛트, 훌라후프, 터널 정도의 기본적인 심리운동 도구에도 참여 아동들은 흥미와 호기심을 보였다. 그러므로 이 모델을 적용하고자 하는 학교라면 보다 적극적으로 심리운동의 독특하고 매력적인 도구들을 다채롭게 활용할 수 있는 계획을 세울 것을 추천한다. 예를 들어 페달로, 롤브렛트, 낙하산, 트램펄린, 스윙호스, 신문지, 빨래집게, 풍선과 풍선 채, 색깔 천, 로프, 짐볼, 훌라후프, 터널, 그네, 다양한 크기의 매트리스, 정글짐, 평균대, 뜀틀 그리고 승마용 말과 숲 등 수없이 많은 종류와 크기의 도구들이 심리운동에 활용된다. 아동 대부분은 도구들을 보는 것에서부터 흥미와 호기심을 보이므로, 학교를 기반으로 하는 해결중심 심리운동가족상담을 시행할 경우, 학교는 아동들을 위해 심리운동의 독특하고 매력적인 도구들을 준비해서 다채롭게 활용하는 것이 효과적이다. 다행히 학교에는 이런 도구들에 준하는 체육 기구들이 상당수 있고, 강당이나 체육관이 갖춰진 학교가 많으므로 필요하다면 이 공간을 활용할 수 있도록 사전에 협의하고 계획하는 것이 도움될 것이다.

셋째, 초등학교에서 이 모델을 적용할 경우 아동이 가족상담에 참여하는 정확한 시간을 해당 교사들과 함께 사전에 확실하게 계획하여야 한다. 그래야 부모와의 상담 이후 심리운동 활동이 배정된 시간에 정확하게 참여할 수 있다. 부모와 상담을 하는 동안 아동은 교실에서 수업하다가 심리운동 시간에 맞추어

지정된 공간으로 올 수 있도록 전문상담교사, 담임교사 등이 교내 알림망 등을 통해 긴밀하게 연락해야 한다. 또한, 아동에게도 주지시켜서 정해진 시간에 맞추어 심리운동가족상담에 참여할 수 있도록 하는 것이 좋다.

넷째, 아동이 이 상담에 참여하는 것으로 인해 낙인효과를 가져오지 않도록 세밀하고 민감하게 상황을 살필 필요가 있다. 일반적인 대화 중심의 상담과 달리 심리운동 활동이 마치 운동이나 놀이처럼 아동들에게 보이므로 저학년 학생들의 경우와 4, 5학년 남학생의 경우는 심리운동 활동에 참여하는 것을 좋아하기도 한다. 그러나 아동의 성격이나 성향에 따라 학교에서 별도로 시행되는 상담에 참여하는 것을 친구들과 구별되는 행동으로 여길 수 있으므로, 이 상담에 참여하는 것을 좋아하지 않는 아동들에 대해 충분히 고려할 필요가 있다. 이들을 위해서는 아동의 상황과 학교의 여건을 고려해 다른 방안을 마련하는 것이 바람직하다.

다섯째, 이 모델을 학교에서 적용할 경우, 상담이 시행되는 모습을 기타의 아동들이 보면서 방해할 수 있다는 점을 사전에 생각해야 한다. 쉬는 시간에 아이들이 상담을 시행하는 것을 구경하거나 이를 보면서 키득거리며 웃는 등 다양한 요소로 소란을 떨면서 방해하는 경우가 생길 수 있다. 이는 상담에 참여 중인 아동에게 바람직한 영향을 주지 않는다. 상담 시간이 아동들의 수업 시간 배정과 일치하지 않기 때문에 일어나기 쉬운 일로, 이에 대한 시간과 공간 계획을 학교 측과 사전에 협의하는 것이 필요하다.

여섯째, 이 책은 외부전문가에 의해 학교에서 시행되는 해결중심 심리운동가족상담을 전제로 설명하고 있다. 그러나 이미 언급했듯 가장 바람직한 상황은 해결중심 가족상담과 심리운동을 이해하고 능숙하게 활용할 수 있는 전문상담교사가 학교에서 아동을 위해 이 접근법을 사용할 수 있다면 더없이 바람직하다고 본다. 이를 위해서는 전문상담교사들이 자발적으로 공부하고 적극적으로 훈련에 참여하여 실력을 증진하는 일이 선행될 필요가 있다. 그래야 본인이 서비스를 제공하든 외부전문가와 연계하든, 합리적이고 효율적으로 아동을 지원할 수 있을 것으로 본다.

일곱째, 학교는 전문상담교사가 학생을 돕기 위해 학교를 기반으로 한 가족상담 서비스를 제공할 수 있는 구조적 환경을 만들 필요가 있다. 역량을 갖춘 전문상담교사가 필요할 때 언제든 학교부적응 아동을 여러모로 지원할 수 있는 방안을 마련하는 것이 중요하며, 필요한 경우 외부의 전문가들과 협력하여 아동들을 지원할 수 있는 유연하고 개방적인 학교 상담환경을 조성할 필요가 있다. 중요한 것은, 어떤 지원에 의해서든 어려움을 겪고 있는 학생들이 필요한 도움을 받는 것이기 때문이다.

부록

부록의 내용은 해결중심 심리운동가족상담의 효율성을 위해 저자가 임의로 제작한 것으로, 사용자의 필요에 따라 다양하고 창의적으로 만들어 사용하기를 추천한다. 또한 양식의 종류에 따라 필요한 부분은 여러 장을 준비해서 사용하기를 바란다.

Ⅰ. 해결중심 심리운동가족상담 관찰기록지

이름		연령		성별	
관찰자		관찰일자 (/ 회기)			
의뢰된 문제					
상담 목표					

II. 내담자의 강점

이름	
강점 및 자원	
비고	

III. 내담자 관찰 영역의 예

영역	관찰 대상	관찰 영역
가정 및 학교	아동	1. 교과 관련 학습 능력(이해력, 수학, 언어능력, 탐구, 그리기, 악기 다루기, 동물 또는 식물 키우기, 만들기, 운동능력, 역할극, 독서) 2. 교칙관련 사항, 등하교, 책가방 정리, 실내화, 과제해결 3. 가족관계, 형제자매간의 관계 4. 또래관계, 놀이 즐기기, 함께 놀기 5. 독서습관 6. 일상생활(씻기, 일어나기, 정리하기, 치우기 등) 7. 휴대폰 관리(게임) 등
	부모	1. 식사 챙기기 2. 직장생활 3. 자녀들 학원 및 학습지 관리 4. 시댁 및 부부관계 5. 취미생활, 학습 6. 의사소통 방식: 의사표현, 의도파악, 요구하기, 거절하기 등
심리 운동	아동	8. 자기 주장하기, 당당함, 자존감, 자기 자신에 대한 평가 9. 참을성, 긍정성, 예의, 상냥함 10. 문제 해결 능력, 글쓰기, 학원이나 학습지 지속 태도 11. 의사소통: 의사표현, 의도파악, 요구하기, 거절하기 등
	부모	7. 긍정성, 낙관성, 밝고 상냥함 8. 존중, 인정, 칭찬과 지지 9. 양육자신감, 자존감, 자기 자신에 대한 평가 10. 기다림 11. 문제 해결 능력 12. 의사소통: 의사표현, 의도파악, 요구하기, 거절하기 등

IV. 내담자의 활용 가능한 자원

1. 가족관계 및 환경	
2. 학교 교사 및 환경	
3. 또래관계	
4. 지역사회	
5. 자신의 능력, 개인적 특성	

V. 예외 및 예외상황 / 원하는 미래 탐색

순	예외 및 예외상황 / 원하는 미래

VI. 심리운동 활동 계획

이름		연령		성별	
관찰자		계획일			
상담목표					

심리운동 활동 계획	회기	심리운동 활동
	1	
	2	
	3	
	4	
	5	
	6	
	7	
	8	
	9	
	10	

참고문헌

- 강지영(2008), 『해결중심 집단상담 프로그램이 결손 가정 아동과 일반 가정 아동의 대인 불안 및 사회성에 미치는 효과』, 석사학위논문, 전주교육대학교 교육대학원.
- 공은영(2017), 『신체화 증상을 가진 초등학생에 대한 해결중심 단기상담 사례연구』, 석사학위논문, 한국교원대학교 교육대학원.
- 권민우(2018), 초등학생의 회복탄력성 및 학교생활적응 향상을 위한 해결중심상담 사례연구』, 석사학위논문, 전주교육대학교 교육대학원.
- 김가은(2016), 『해결중심 집단상담 프로그램이 초등학생의 자기효능감에 미치는 영향』, 석사학위논문, 광주교육대학교.
- 김경옥(2018), 『해결중심적 사고가 중년기혼여성의 역할적응과 삶의 만족도에 미치는 영향: 긍정정서의 매개효과 검증』, 한국가족관계학회지, 23(1), 139-156.
- 김미영·조윤정·박병금(2012), 『가족, 교사 및 친구관계와 청소년의 문제행동』, 학교사회복지, 22, 49-77.
- 김미정(2009), 『해결중심 집단 상담이 초등학생의 학교생활적응에 미치는 효과』, 석사학위논문, 광주교육대학교 교육대학원.
- 김성자(2013), 『해결중심이론을 적용한 집단미술치료가 모-자녀 상

호작용과 양육스트레스에 미치는 효과』, 박사학위논문, 영남대학교 대학원.

- 김유숙(2002), 『가족상담 이론과 실제』, 학지사.
- 김유숙(2003), 『놀이를 활용한 이혼가족의 해결중심단기상담 사례 연구』, 한국가족상담학회지, 11⑵, 77-99.
- 김유숙(2007), 『가족상담』, 서울: 학지사.
- 김유순·이국향(2010), 『부모의 양육행동, 자아존중감, 부모효능감 향상을 위한 해결중심집단프로그램의 효과성 연구 -빈곤가정 부모를 중심으로』, 한국가족치료학회지, 18(1), 157-184.
- 김윤경·이다미(2011), 『해결중심단기가족치료의 효과에 관한 사례 연구: 이혼가정 청소년 자녀와 부모를 중심으로』, 청소년학연구, 18⑶, 49-81.
- 김윤태(2009), 『정신지체 아동을 위한 심리운동 프로그램의 적용방법 연구』, 특수교육저널: 이론과 실천, 7(1), 197-214.
- 김윤태·김수경(2015), 『한국 심리운동사 자격 과정 개발을 위한 기초 연구, 유아특수교육연구』, 15(4), 221-240.
- 김윤태·김일명(2005), 『제발트(Seewald)의 이해적 관점(Ansatz)을 통한 심리운동(Psychomotorik) 이론 및 중재방법연구 -심리운동학적 관점에서 본 주의력 결핍 과잉행동 장애 아동사례 분석-』, 특수교육저널; 이론과 실천, 6(4), 75-92.
- 김은영(2007), 『해결중심단기치료의 국내 연구동향 분석: 1988-2006』, 가족과 가족치료, 15(1), 1-18.
- 김일명(2015), 『심리운동의 효과에 대한 일 고찰』, 인문사회 21, 6(4), 193-212.
- 김지혜(1998), 『청소년 학교 적응에 영향을 미치는 사회지지체계에 관한 연구』, 석사학위논문, 이화여자대학교 대학원.

- 김춘경·유지영(2010), 『심리운동놀이치료 프로그램이 ADHD 아동의 문제행동 개선과 사회기술 향상에 미치는 효과』, 놀이치료연구, 14(1), 51-65.
- 김태은(2009), 『해결중심단기놀이치료의 개발과 치료 기법에 대한 아동의 반응』, 박사학위논문, 연세대학교 대학원.
- 김필숙(2009), ADHD 아동의 자기통제력 및 학교 적응력 향상을 위한 해결중심 집단상담프로그램개발』, 석사학위논문, 한국교원대학교 교육대학원.
- 김혜민(2004), 『해결중심 집단상담 프로그램이 결손가정 아동의 사회적지지 지각 우울의 변화에 미치는 영향』, 석사학위논문, 명지대학교 대학원.
- 김희정(2007), 『문제아동을 위한 해결중심 가족상담의 효과에 관한 연구, 한국가족상담학회지』, 15(2), 277-299.
- 마주리(2004), 『아동관련 기관에서의 심리운동치료 적용을 위한 프로그램 개발 연구』, 아동복지연구, 2(2), 39-55.
- 마주리(2014), 『심리운동이 지역아동센터 이용 아동의 자아존중감에 미치는 영향』, 아동복지연구, 12(3), 187-206.
- 마주리(2015), 『심리운동이 공격성향 아동의 사회적 기술 및 공격성에 미치는 영향: 지역아동센터 이용아동을 중심으로』, 정서·행동장애연구, 31(1), 221-243.
- 문장원·정병종(2017), 『심리운동 연구의 동향 분석』, 한독심리운동학회, 3(1), 107~129.
- 박정임(2014), 『초등학생을 위한 해결중심 집단상담프로그램의 효과에 관한 메타분석』, 한국콘텐츠학회논문지, 14(11), 476-485.
- 백인승(2019), 『해결중심 집단상담 프로그램이 농어촌 초등학교 고학년의 학업적 자기효능감과 자기결정성 동기에 미치는 영향』, 석

사학위논문, 전주교육대학교 대학원.

- 백정옥·이은주(2018), 『학교 부적응 아동의 정서지능 및 또래관계 향상을 위한 미술치료 사례연구』, 미술치료연구, 25(4), 463-483.
- 송성자(2002), 『가족과 가족치료, 서울: 법문사.
- 송호준(2012), 『자기진술을 활용한 심리운동중재가 주의력결핍 과잉행동아동의 운동협응성 및 부적응 행동에 미치는 효과』, 정서·행동장애연구, 28(1), 191~220.
- 신선인·김민지(2014), 『학교사회복지현장의 가족치료적 개입에 관한 연구; 실태 및 욕구를 중심으로』, 학교사회복지, 27, 299-324.
- 심의보(2015), 『학교 부적응에 관련된 변인의 메타분석』, 박사학위논문, 고려대학교 대학원.
- 양지원(2015), 『학교 부적응 청소년에 대한 해결중심적 집단미술치료 프로그램의 효과성에 관한 연구』, 박사학위논문, 경기대학교 일반대학원.
- 연합뉴스(2019. 5. 23), 한국아동의 삶… "물질적으로 풍족해졌지만 행복감 낮아".
- 유별아(2017), 『해결중심 집단상담 프로그램이 위기 가정 초등학생의 자아개념, 또래관계 및 학교생활적응력에 미치는 효과』, 석사학위논문, 강남대학교 교육대학원.
- 유윤형(2016), 『해결중심미술치료 프로그램의 개발과 적용: 정서적 어려움을 겪는 아동대상으로』, 박사학위논문, 중앙대학교 대학원.
- 윤보영(2005), 『해결중심 집단 상담이 초등학생의 자아존중감 향상과 대인관계 개선에 미치는 효과』, 국내석사학위논문, 한남대학교 교육대학원.
- 이규미(2004), 『중고등학교 교사가 지각한 학교 부적응 행동지표』, 한국심리학회지:상담 및 심리치료, 16(2), 227-241.

- 이다미(2014),『문제행동 청소년을 위한 해결중심 가족상담 사례연구』, 청소년시설환경, 12(4), 69-80.
- 이명자·김영갑(2018),『학교폭력 가해청소년의 가정, 또래, 학교 요인에 대한 질적 분석』, 예술인문사회 융합 멀티미디어 논문지, 8(2), 445-456.
- 이민진(2012),『심리운동이 인터넷 중독 아동의 주의력 결핍 및 공격 행동에 미치는 효과』, 석사학위논문, 우석대학교 일반대학원.
- 이서영(2011),『심리운동 Kiphard 모델이 ADHD 아동의 신체적 자아개념에 미치는 영향』, 석사학위논문, 단국대학교 특수교육대학원.
- 이선옥(2007),『초등학교 아동의 학교 적응력 향상을 위한 해결중심 단기집단상담의 효과와 회기별 치료적 요인연구』, 석사학위논문, 한국교원대학교 교육대학원.
- 이여랑(2016),『해결중심 가족미술치료 프로그램이 정서·행동장애아를 둔 한부모 가정의 모-자녀 관계에 미치는 효과, 박사학위논문』, 명지대학교 일반대학원.
- 이연석(2016),『해결중심 단기상담을 적용한 초등학교 수학학습부진아 상담사례 연구』, 석사학위논문, 광주교육대학교 교육대학원.
- 이정윤·이경아(2004),『초등학생의 학교 적응과 관련된 개인 및 가족 요인』, 한국심리학회지; 상담 및 심리치료, 16(2), 261-276.
- 이정은(2014),『인터넷중독 초등학생의 자존감 및 스트레스 대처행동 향상을 위한 해결중심 집단상담 프로그램의 효과성, 석사학위논문』, 상명대학교 대학원.
- 이정훈(2013), 주의력 결핍 초등학생에 대한 해결중심 단기 상담 사례 연구』, 석사학위논문, 순천대학교 교육대학원.
- 이지현(2015),『학교 부적응에 영향을 미치는 학생 개인 및 학교수

준 요인; 위계적 선형모형분석』, 청소년학연구, 22(7), 151-177.

- 이춘희(2017), 『ADHD를 가진 학령기 아동가족에 대한 해결중심상담모델 적용의 경험적 연구』, 해결중심치료학회지, 4(1), 23-44.

- 임석진·윤용택·황태연·이성백(2009), 『철학사전』, 서울: 중원문화.

- 임양숙(2012), 『해결중심상담 프로그램이 결손가정 초등학생의 학습 동기와 학업적 자기효능감에 미치는 효과』, 석사학위논문, 청주교육대학교 교육대학원.

- 장춘난·백종환·최중진(2019), 『해결중심 집단상담이 초기 청소년의 사회적 유능감과 정서조절능력에 미치는 영향』, 청소년학연구, 26(4), 165-187.

- 전기수(2004), 『해결중심 집단상담이 초등학생의 학교 적응에 미치는 효과』, 석사학위논문, 고신대학교 교육대학원.

- 전미란(2007), 해결중심상담을 기반으로 한 집단상담이 초등학생의 공격성 감소에 미치는 영향』, 석사학위논문, 이화여자대학교 교육대학원.

- 정문자·송성자·이영분·김유순·김은영(2008), 『해결중심단기상담』, 서울: 학지사.

- 정문자·어주경(2004), 『학교 부적응 아동을 위한 해결중심 집단상담의 개발 및 평가』, 한국가족상담학회지, 12(1), 107-139.

- 정문자·이영분·김유순·김은영(2020), 『해결중심 가족상담』, 서울, 학지사.

- 정문자·정혜정·이선혜·전영주(2012), 『가족상담의 이해』, 서울: 학지사.

- 정수경·이숙정(2011), 『심리운동과 감각통합치료가 ADHD성향 아동의 감각조절력 및 주의력에 미치는 영향』, 한국특수아동학회, 13(4), 331-356.

- 정수정·오익수(2010),『초등학생을 위한 학교 부적응 척도 개발 및 타당화』, 초등상담연구, 9(2), 163-173.
- 정은비(2018),『사회경험을 강화한 심리운동이 부적응 초등학생의 사회적 기술에 미치는 영향』, 석사학위논문, 단국대학교 특수교육대학원.
- 정정연(2018),『해결중심 집단미술치료 프로그램이 대학생의 자기효능감, 자아탄력성, 진로성숙도에 미치는 효과』, 박사학위논문, 서울벤처대학원대학교.
- 정정옥(2005),『해결중심 집단상담프로그램이 초등학교학습부진아의 자아존중감과 학교생활적응에 미치는 효과』, 석사학위논문, 서울교육대학교 교육대학원.
- 정창숙(2017),『심리운동 연구 동향 고찰』, 심리운동연구, 3(1), 53-64.
- 제갈선아·김진옥(2017),『학교 부적응 아동의 모-자 상호작용 향상을 위한 활동중심 미술치료 효과』, 임상미술심리연구, 7(2), 119-140.
- 조은경(2013),『심리운동이 지적장애중학생의 놀이자발성에 미치는 영향』, 석사학위논문, 단국대학교 대학원.
- 조한익·차주연(2013),『부모-자녀 의사소통과 청소년의 자살생각』, 청소년학연구, 20(11), 129-149.
- 조혜경(2014),『누리과정 기반 심리운동 프로그램이 발달지체 유아의 사회능력과 운동능력에 미치는 효과』, 박사학위논문, 우석대학교 대학원.
- 조희주(2016),『학생의 자아탄력성 증진에 미치는 효과』, 창조산업연구, 3(2), 29-50.
- 최봉희(2018),『해결중심 발문을 활용한 독서치료 효과성 연구 : 알

코올 의존자 대상』, 박사학위논문, 경북대학교 대학원.

- 최영실·이은자(2008), 『심리운동이 학령 전 아동의 자아 개념, 사회성 및 공격성에 미치는 효과』, 아동간호학회지, 14(4), 379-387.

- 최윤숙(2011), 『해결중심 집단미술치료의 운영 형태가 여고생의 몰입, 자기효능감, 문제 해결력에 미치는 효과』, 박사학위논문, 영남대학교 대학원.

- 최인호·김진이(2013), 『어머니의 양육행동이 남녀 청소년의 문제행동에 미치는 영향: 남녀 청소년의 공감능력의 매개효과』, 한국가족치료학회지, 21(1), 81-102.

- 최중진·백종환(2017), 『Insoo Kim Berg의 해결중심단기치료에 대한 미시분석』, 가족과 가족치료, 25(3), 529-553.

- 한국단기가족치료연구소(2016), 『해결중심단기가족상담 중급과정 워크샵 자료』, 서울: 한국단기가족치료연구소.

- 한국단기가족치료연구소(2017), 『해결중심단기가족상담 초급과정 워크샵 자료』, 서울: 한국단기가족치료연구소.

- 한국심리운동연구소(2010), 『심리운동 심화과정 학교영역 선택과목』, 진단: Dr. Holger Jessel, 전북: 한국심리운동연구소.

- 한국심리운동연구소(2018), 『2018년 1차 독일심리운동연수 교재』, 전북: 한국심리운동연구소.

- 한국심리운동연구소(2019), 『심리운동 기본과정』, 전북: 한국심리운동연구소.

- 한유진(2011), 『심리운동놀이치료 프로그램이 아동의 스트레스 수준 및 사회적 자기효능감에 미치는 영향』, 놀이치료연구, 15(3), 65-80.

- 홍성미(2008), 『해결중심적 집단상담 프로그램이 초등학교 아동의 교우관계 및 학교생활 적응에 미치는 효과』, 초등상담연구, 7(1),

67-90.

- Balgo, R. (1996), 『Die Konstruktion von Wirklichkeit durch die Einheit von Wahrnehmung und Bewegung』.
- Balgo, R. (1998), 『Bewegung und Wahrnehmung als System. Schorndorf』.
- Berg, I. K., (1994), 『Family based services: A solution-focused approach』, New York: W. W. Norton.
- Berg, I. K., & Miller, S. D. (1995), 『해결중심적 단기가족상담 [Working with the problem drinker; A solution-focused approach]』, 가족치료연구모임 역, 서울: 하나의학사. (원전은 1992년에 출판)
- Berg, I. K., & Steiner, T. (2009), 『아동과 청소년을 위한 해결중심 상담. [Children's solution work]』, 유재성·장은진 역, 서울: 학지사. (원전은 2003에 출판)
- Berg, I. K., & Kelly, S. (2014), 『아동보호서비스의 새로운 패러다임: 해결중심 접근[Building solutions in child protective services]』, 김윤주 역, 서울: 학지사. (원전은 2000년 출판)
- Caroline Bond · Kevin Woods · Neil Humphrey · Wendy Symes · Lorraine Green(2013), 『Practitioner Review: The effectiveness of solution focused brief therapy with children and families: a systematic and critical evaluation of the literature from 1990-2010』, Journal of Child Psychology and Psychiatry, 54(7). 707-723.
- Corcoran, J. (1998), 『Solution-focused practice with middle and high school at-risk youths』, Social Work in Education. 20, 232-243.
- Corcoran, J., & Stephenson, M. (2000), 『The effectiveness

of Solution focused therapy with child behavior problems; A preliminary report. Families in Society』, The Journal of Contemporary Human Services, 468-474.

- Creswell, J. W. (2010), 『질적연구방법론: 다섯가지 접근[Qualitative Inquiry And Research Design: Choosing Among Five Tradition] (2nd ed).』, 조홍식·정선욱·김진숙·권지성 역. 서울: 학지사. (원전은 2007에 출판)

- Cynthia Franklin, Kelly Moore, Laura Hopson(2008), 『Effectiveness of Solution-Focused Brief Therapy in a School Setting』, Children & Schools, 30(1) 15-26.

- de Shazer, S., & Molnar, A. (1984), 『Four useful interventions in brief family therapy』, Journal of Marital and Family Therapy, 10, 297-304.

- de Shazer·Yvonne Dolan·Harry Korman·Tetty Trepper·Eric McColum & Insoo Kim Berg(2011), 『해결중심 가족치료의 오늘, 기적 그 이상의 것[More than miracles; The state of the art of solution-focused brief therapy]』, 한국단기가족치료연구소 역, 서울: 한국단기가족치료연구소.

- Duncan, Hubble, & Miller(2017), 『해결중심 단기치료 이해와 실제 [Handbook of solution-focused brief therapy. Jossey-Bass]』, 김희정 역, 서울: 학지사. (원전은 1996 출판)

- Gerald B. Sklare(2001), 『단기상담 -학교 상담자를 위한 해결중심적 접근- [Brief Counseling That Works]』, 송현종 역, 서울: 학지사.

- Hans-Jurgen Beins, Rudolf Lensing-Conrady, Gunter Putz, Silke Schonrade(HRSG.)(2011), 『학교현장을 위한 심리운동[Wenn Kinder durchdrehen. Vom Wert des, Fehlers "in der Psychomotorik.

Dortmund.』, 이숙정·고은·채희태 역, 서울: 문음사. (원전은 1996 출판)

- Johnny S. Kim·Cynthia Franklin(2009), 『Solution-focused brief therapy in schools: A review of the outcome literature』, Children and Youth Services Review. 31(4), 464-470. A Meta-Analysis. Published online; 25(8). 187-201.

- Kevin Woods, Caroline Bond, Neil Humphrey, Wendy· Symes(2011), 『Systematic review of Solution Focused Brief Therapy(SFBT) with children and families』, School of Education, University of Manchester.

- Kiphard, E. J.(1989), 『Psychomotorik in praxis und theorie』, gütersloh.

- Klaus Fischer(2009), 『Einführung in die Psychomotorik』, 3 Auflage. Reinhardt.

- Lethem, J(2002). 『Brief solution focused therapy』, Child and Adolescent Mental Health, 7, 189-192.

- Lipchik, E.(1993), 『"Both/and" solution. In the new language of change』, S. Friedman, ed. NY; Guilford Press.

- Nichols, M., & Schwartz, R.(2001), 『가족치료; 개념과 방법 [Family Therapy; Concepts and method]』, 김영애, 정문자, 송성자, 제석봉, 심혜숙, 김정택, 정석환, 김계현 역, 서울: 시그마프레스.

- Nims, D. R.(2007), 『Integrating play therapy techniques into solution-focused brief therapy』, International Journal of Play Therapy, 16(1), 54-68.

- P. De Jong & I. K. Berg(2008), 『해결을 위한 면접[Interviewing for solutions]』, 허남순, 노혜련 역, 서울: 학문사. (원전은 1988년 출판).

- Schilling, F · Kiphard, E. J. (1987), 『Zur Ganzheitlichkeit in der Motologie』, In:Motorik 10, 2.
- Schilling, F. (2002), 『Motodignostisches Konzept zur Plannung von psychomotorischer Foerderung und Behandlung』, In; Motorik, Verlag Hofmann Schorndorf, 25(2).
- Seewald, J. (1997), 『Verstehen Ansatz und seine Stellung in der Theorielandschaft der Psychomotorik』, Jg. 22(1).
- Seewald, J. (2001), 『Der Verstehen-Erklaeren in der Motologie, In: Mosaikstein der Motologie, Klaus Fischer/Holger Holland Moritz(Red.)』, Reihe Motorik Band 24, Verlag Karl Hofmann Schorndorf.
- Selekman, M. D. (1997), 『Solution focused therapy with children』, New York; The Guilford Press.
- Williams, G. R. (2000), 『The application of solution-focused brief therapy in a public school setting』, The Family Journal: Counseling and Therapy for Couples and Families, 8, 76-78.
- Zimmer, R. (2005), 『심리운동 이해 - 아동을 위한 심리운동의 이론과 실천- [Handbuch der Psychomotorik - Theorie und Praxis der Psychomotorischen Forderung von Kindern-]』, 이숙정 역, 서울: 시립서울장애인종합복지관. (원전은 2004년에 출판).
- Zimmer, R. (2010), 『움직임 교육의 이해 [Handbuch der Bewegungserziehung]』, 김경숙·주성순·김도연·최지현 역, 서울: 도서출판 대한미디어. (원전은 2009에 출판).